U0551468

雲時代 風雲時代 風雲時代 風雲時代 風雲時代 風雲時代 風雲時代 風雲
風雲時代 風雲時代 風雲時代 風雲時代 風雲時代 風雲時代 風雲時代
雲時代 風雲時代 風雲時代 風雲時代 風雲時代 風雲時代 風雲時代 風雲
風雲時代 風雲時代 風雲時代 風雲時代 風雲時代 風雲時代 風雲時代
雲時代 風雲時代 風雲時代 風雲時代 風雲時代 風雲時代 風雲時代 風雲
風雲時代 風雲時代 風雲時代 風雲時代 風雲時代 風雲時代 風雲時代
雲時代 風雲時代 風雲時代 風雲時代 風雲時代 風雲時代 風雲時代 風雲
風雲時代 風雲時代 風雲時代 風雲時代 風雲時代 風雲時代 風雲時代
雲時代 風雲時代 風雲時代 風雲時代 風雲時代 風雲時代 風雲時代 風雲
風雲時代 風雲時代 風雲時代 風雲時代 風雲時代 風雲時代 風雲時代
雲時代 風雲時代 風雲時代 風雲時代 風雲時代 風雲時代 風雲時代 風雲
風雲時代 風雲時代 風雲時代 風雲時代 風雲時代 風雲時代 風雲時代
雲時代 風雲時代 風雲時代 風雲時代 風雲時代 風雲時代 風雲時代 風雲
風雲時代 風雲時代 風雲時代 風雲時代 風雲時代 風雲時代 風雲時代
雲時代 風雲時代 風雲時代 風雲時代 風雲時代 風雲時代 風雲時代 風雲
風雲時代 風雲時代 風雲時代 風雲時代 風雲時代 風雲時代 風雲時代
雲時代 風雲時代 風雲時代 風雲時代 風雲時代 風雲時代 風雲時代 風雲
風雲時代 風雲時代 風雲時代 風雲時代 風雲時代 風雲時代 風雲時代
雲時代 風雲時代 風雲時代 風雲時代 風雲時代 風雲時代 風雲時代 風雲
風雲時代 風雲時代 風雲時代 風雲時代 風雲時代 風雲時代 風雲時代
雲時代 風雲時代 風雲時代 風雲時代 風雲時代 風雲時代 風雲時代 風雲
風雲時代 風雲時代 風雲時代 風雲時代 風雲時代 風雲時代 風雲時代
雲時代 風雲時代 風雲時代 風雲時代 風雲時代 風雲時代 風雲時代 風雲
風雲時代 風雲時代 風雲時代 風雲時代 風雲時代 風雲時代 風雲時代
雲時代 風雲時代 風雲時代 風雲時代 風雲時代 風雲時代 風雲時代 風雲
風雲時代 風雲時代 風雲時代 風雲時代 風雲時代 風雲時代 風雲時代
雲時代 風雲時代 風雲時代 風雲時代 風雲時代 風雲時代 風雲時代 風雲
風雲時代 風雲時代 風雲時代 風雲時代 風雲時代 風雲時代 風雲時代
雲時代 風雲時代 風雲時代 風雲時代 風雲時代 風雲時代 風雲時代 風雲
風雲時代 風雲時代 風雲時代 風雲時代 風雲時代 風雲時代 風雲時代
雲時代 風雲時代 風雲時代 風雲時代 風雲時代 風雲時代 風雲時代 風雲
風雲時代 風雲時代 風雲時代 風雲時代 風雲時代 風雲時代 風雲時代
雲時代 風雲時代 風雲時代 風雲時代 風雲時代 風雲時代 風雲時代 風雲
風雲時代 風雲時代 風雲時代 風雲時代 風雲時代 風雲時代 風雲時代
雲時代 風雲時代 風雲時代 風雲時代 風雲時代 風雲時代 風雲時代 風雲
風雲時代 風雲時代 風雲時代 風雲時代 風雲時代 風雲時代 風雲時代
雲時代 風雲時代 風雲時代 風雲時代 風雲時代 風雲時代 風雲時代 風雲
風雲時代 風雲時代 風雲時代 風雲時代 風雲時代 風雲時代 風雲時代
雲時代 風雲時代 風雲時代 風雲時代 風雲時代 風雲時代 風雲時代 風雲
風雲時代 風雲時代 風雲時代 風雲時代 風雲時代 風雲時代 風雲時代
雲時代 風雲時代 風雲時代 風雲時代 風雲時代 風雲時代 風雲時代 風雲
風雲時代 風雲時代 風雲時代 風雲時代 風雲時代 風雲時代 風雲時代

風雲時代

弘一大師的心靈世界

新修版

張笑恒 著

弘一大師的心靈世界

〔目錄〕

【第三課】戒嗔：學會控制自己的脾氣

【第四課】戒癡：世事多紛擾，看淡心自安

弘一大師的心靈世界

〔目錄〕

【第七課】慈悲：寄悲憫心於人於物

【第八課】自省：懺悔是淨化心靈的力量

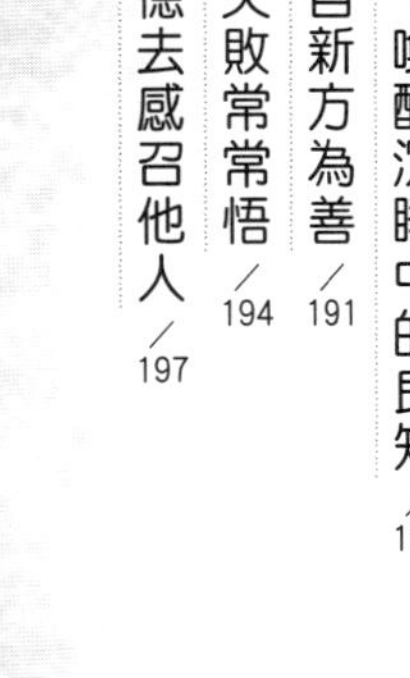

弘一大師的心靈世界〔目錄〕

【第十一課】修行：在家裏也可以

【第十二課】持戒：提高自我修養

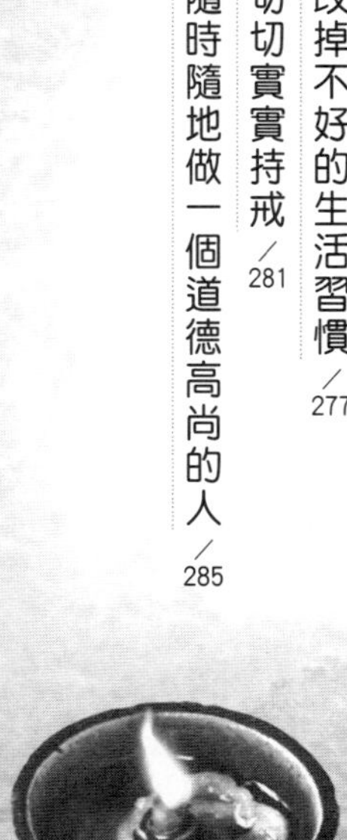

弘一大師的心靈世界

〔目錄〕

前言

長亭外，古道邊，芳草碧連天。
晚風拂柳笛聲殘，夕陽山外山。
天之涯，地之角，知交半零落。
一壺濁酒盡餘歡，今宵別夢寒。

這首《送別》，被譽爲二十世紀最優美的歌詞，出自弘一法師之手。

弘一法師是中國近百年文化發展史中的傳奇人物，也是學術界公認的通才和奇才。作爲中國新文化運動的先驅者，他最早將西方油畫、鋼琴、話劇等引入國內，且以擅書法、工詩詞、通丹青、達音律、精金石、善演藝而馳名於世。

弘一法師的前半生是富家公子，過著錦衣玉食的生活；後半生出家，面對古佛黃卷，過著苦行僧生活。然而無論是在紅塵俗世，還是遁入空門，弘一法師都取得了別人無法企及的成就。他的高尙情懷更是令人高山仰止，心嚮往之。

在皈依佛門之後，弘一法師篤志苦行，成爲世人景仰的一代佛教宗師。他被佛教弟子奉爲律宗第十一代世祖。

在佛學思想研究方面，弘一法師自然也做出了自己的成績。對此，林子青概括說：「弘一法師的佛學思想體系，是以華嚴爲鏡，四分律爲行，導歸淨土爲果的。也就是說，他研究的是華嚴，修持弘揚的是律行，崇信的是淨土法門。他對晉唐諸譯的《華嚴經》都有精深的研究。曾著有《華嚴集聯三百》，可以窺見其用心之一斑。」

入佛初期，弘一法師除閱讀僧人必讀的經典之外，其進修博覽而廣納。

弘一法師說：「我平時對於佛教是不願意去分別哪一宗、哪一派的，因爲我覺得各宗各派，都各有各的長處。」他主張要博采眾家之長。

弘一法師對佛學的貢獻，主要體現在他對律宗的研究與弘揚上。弘一法師爲振興律學，不畏艱難，深入研修，潛心戒律，著書說法，實踐躬行。

中國佛教律學，故譯有四大律，即《十誦律》、《四分律》、《摩訶僧祇律》、《五分律》。爲弘揚律學，弘一大師窮研《四分律》，花了四年時間，著成《四分律比丘戒相表記》。此書和他晚年所撰的《南山律在家備覽略編》，合爲精心撰述的兩大名著。

出家之後，弘一法師了斷塵緣，超然物外，把全部的精力都用在了對律宗的研修和弘揚上。出家之前的熱鬧繁華和出家之後的冷清孤獨，使弘一法師對人生有了更深的感悟，他曾經感歎：「人如花，不久時；人如萍，無定處；人如煙花，現一時；人總歸於一己，踏五大；人至山巔無他路；自古聖賢皆寂寞，悲欣交集誰了然？」

弘一法師還是一個以出世之心做入世之事的人，他把自己的人生感悟告訴世人，以期對大家的人生有指導作用。

弘一法師為世人留下了咀嚼不盡的精神財富，他的一生充滿了傳奇色彩，他是中國絢麗至極歸於平淡的典型人物。

太虛大師曾為贈偈：「以教印心，以律嚴身，內外清淨，菩提之因。」

趙朴初先生評價大師的一生為：「無盡奇珍供世眼，一輪圓月耀天心。」

編著本書的目的，就像弘一法師在《改過實驗談》中所說的：「談玄說妙，修證次第，自以佛書最為詳盡。而我等初學之人，持躬敦品、處世接物等法，雖佛書中亦有說者，但儒書所說，尤為明白詳盡，適於初學。故今多引之，以為吾等學佛法者之一助焉。」

【第一課】

消弭：先要除去對佛的誤解

人生為何是苦？

出世並非拋開一切

「空」非空，即空即有

莫要誤解佛法

空門生活很悠閒？

信仰佛教，國家就會衰弱？

佛教對社會沒有益處？

佛法是哲學

1 人生為何是苦？

在大多數人的印象中，佛教的底色是悲苦，認爲「人生是苦」。有的人嘴裏整天掛著「人生真苦啊，真不容易啊」，有的人把「苦」字聯想成了人的臉，眉毛和眼睛是草字頭，鼻子是中間的十字，嘴巴就是下面的口。人們也因此認爲，佛教宣導的人生態度是消極悲觀的，這是對佛教最常見的一種誤解。

佛陀說「人生是苦」，但其所說的「苦」有專門的意義。佛教中的「人生是苦」，不是我們常人所認爲的生活艱苦，而是指「無常之苦」。社會上不瞭解佛教的人也都多半會以此爲根據，把「消極」、「悲觀」安放到佛教的頭上。

弘一法師在《切莫誤解佛教》中，對「人生是苦」作了解釋：「佛指示我們，這個人生是苦的，不明白其中真義的人，就生起錯誤的觀念，覺得我們的人生毫無意思，因而引起消極悲觀，對於人生應該怎樣努力向上，就缺乏力量，這是一種最爲普遍的誤解。社會經常拿這個消極悲觀的名詞，來批評佛教，而信仰佛教的人，也每陷於消極悲觀的錯誤。其實『人生是苦』這句話，絕不是那樣的意思。」

佛指示我們「人生是苦」，然而這個所謂的苦，不是指生活的艱苦、艱難。那麼，佛說「人生是苦」究竟是什麼呢？這個苦是指「無常之苦」。一切皆無常，一切皆會變化，佛就以無常變化來代表人生的苦。譬如再健康的身體，也會有慢慢衰老病死的一天；再有錢的人，也會有身無分文的一天；再有權位勢力的人，也會有無權無勢的時候。以變化無常的情形看來，雖有喜樂，但不永久，不徹底，當變化時，苦痛就來了。所以佛說「人生是苦」，苦是有缺陷，不永久，不徹底的意思。

有的人，如不瞭解真義，以爲人生既不圓滿又不徹底，就會產生消極悲觀的態度，這是不對的。真正懂得佛法的人，看法就一定不同，佛家宣導「人生是苦」，是要我們知道現在這人生是不徹底、不永久的，是要我們以後去造就一個永久圓滿的人生。好比病人，只有先知道自己身體不適，才會請醫問藥，這樣病才能除去，身體才會恢復健康。

凡是一種境界，我們接觸的時候，生起一種不合自己意趣的感受，引起苦痛憂慮，如以這個意思來說苦，說人都是苦的，是不夠的，爲什麼呢？因爲人生也有很多快樂的事情，聽到不悅耳的聲音固然討厭，可是聽了美妙的音調，不就是歡喜嗎？身體有病，家境困苦，親人別離，當然是痛苦，然而身體健康，經濟富裕，闔家團圓，不是很快樂嗎？無論什麼事，苦樂都是相對的，假如一遇到不如意的事，就說人生是苦，豈非偏見了。

弘一法師說：「爲什麼人生會有不徹底、不永久的苦痛呢？苦痛一定有其原因所在，而知道了苦的原因，就會盡力把苦因消除，就會得到徹底圓滿的安樂。所以佛不僅說人生是苦，還說苦有苦因，把苦因除了就可得到究竟安樂。把這不徹底不圓滿的人生改變過來，就能有一個究竟圓滿的人生。這個境界，佛法叫做『常樂我淨』。」「常」是永久，「樂」是安樂，「我」是自由自在，「淨」是純潔清淨，這四個字合起來，就是永久的安樂，永久的自由，永久的純潔。佛教最大的目標，不在於說破人生是苦，而在於將這苦的人生改變過來，造就一個永久安樂、自由自在、純潔清淨的人生。

佛祖想要悟出人生的真諦拯救眾生，他就坐在菩提樹下冥思靜想。經過七七四十九天的苦思冥想後，佛祖終於覺悟，並總結出人生觀的四大真諦。

苦諦：人生是苦，是佛教對人生的認識。

集諦：人痛苦的根源來自於貪欲，是佛教對人生痛苦的分析。

滅諦：人只有擺脫貪欲，才能擺脫痛苦，是佛教導人們怎樣才能擺脫痛苦。

道諦：是佛教導人們擺脫痛苦獲得解脫的方法。

「四諦」概括了兩重因果關係：集是因，苦是果，是迷界的因果；道是因，滅是果，是悟界的因果。「四諦」是人生的一把鑰匙，能解開生命的煩惱。佛教認爲宇宙是虛幻的、暫時的、空性的，世界上沒有永恆不變的事物。

一件再珍貴的東西，一旦損壞了，就失去了它原來的價值，若執著於它的過去，不能認識到它本來的空性，就會傷心、痛苦。人們應該在擁有它的時候珍惜它、愛護它，一旦失去了，也要看得開，這樣就會沒有煩惱。

「人生是苦」有著積極的意義。只不過這種積極意義產生在我們對於現實處境的正確認知之後。單從表面上看，人生怎麼會是苦的呢？人生中也有很多快樂的事情。美妙的音樂，美好的食品，香醇的葡萄酒，假日裏浪漫的旅遊，一篇優美的詩歌，花前月下的誓言……美好的事物有太多，我們都數不過來了，這些怎麼會是痛苦的、悲苦的、哀苦的事物呢？人生的確是苦，但佛教的目的是教人化苦爲樂，是教人們如何邁向積極的、向上的、健康的、快樂的人生道路。

弘一法師說：「雖然學佛的人不一定能夠做到每個人都到得了這頂點的境界，但知道了這個道理，真是好處無邊。如一般人在困苦的時候，還知努力爲善，等到富有起來，一切都忘記，只顧自己享福，最終糊裏糊塗地走向錯路。學佛的人，不只是在困苦時知道努力向上，就是享樂時也會隨時留心，因爲快樂不是永久可靠的，不好好向善努力，很快會墮落失敗。『人生是苦』，可以警覺我們不至於因專門研究享受而走向錯誤的道路，這也是佛說『人生是苦』的一項重要意義。」

有人說「人生一世，草木一秋」，人的生命如草木一樣有枯有榮，重要的是學會享受生命的過程。改變能改變的，接受不能改變的，承受生命中的喜怒哀樂，過淡定、平靜的生活，這樣才能擺脫煩惱、痛苦，生活在快樂中。

2 出世並非拋開一切

弘一法師說：「佛法說有世間，出世間，可是很多人誤會了，以爲世間就是我們住的那個世界，出世間就是到另外什麼地方去，這是錯的。我們每個人都在這個世界上，就算出了家也還在這個世界。」不瞭解佛法出世意義的人，會誤以爲佛教徒出家就是「出世」，即拋開一切，躲開人世的煩惱。

佛教所謂的出世並不是號召大家去逃避，而是要積極地面對問題、解決問題，用真理打開生活煩惱之鎖、徹底化解那些無盡的憂愁。無論我們是否修行得道，面對的都是這個世界。沒有開悟的人妄想逃避這個世界，而大徹大悟的人知道如何面對世界。

在太平寺中，弘一法師再次見到了前來拜訪的老友穆藕初。敘舊之後，兩人自然而然地談到了佛法。

穆藕初對於佛教知之甚少，不過他在某些哲學、文化類的書籍中見過一些批評佛教的觀點，因此總覺得佛教是一種導致人出離世間、逃避家國社會責任的宗教。當此國家衰微，正需要國民奮發圖強之際，佛教於世又有何益呢？

弘一法師解釋說，佛法並不離於世間，佛教的本旨只是要洞悉宇宙人生的本來面目，教人求真求智，以斷除生命中的愚癡與煩惱，修學佛法也並不一定就要離塵出家，在家之人同樣可以用佛法來指導人生，利益世間。

就大乘佛教來說，其菩薩道精神，更是充分體現了濟物利人的人世悲懷。凡有志於修學佛法者，皆需發大菩提心，立四宏願，所謂「眾生無邊誓欲度，煩惱無盡誓願斷，法門無量誓願學，佛道無上誓願成」。以此自勵精進，無量世中，懷此宏大心願，永不退失，只要是濟世利人之事，都可攝入佛道之中，佛教哪裏又會是消極避世的宗教呢？

在生活中，弘一法師也是一位真正做到了用「出世」的心做「入世」的事的人。在出家之後，他一方面靜心研究佛法律部，著書立說；另一方面則通過不斷遊歷來進行佛法的交流和弘揚。尤其是在抗戰期間，他毅然決然地站在了抗日這一邊。

很多人認爲，佛教中的出家就是從這個世界進入了另一個世界，尋找寂靜清幽之所修行。這種理解是片面的，不正確的。

弘一法師對「世間」與「出世間」做過解釋，他說：「佛教所說的世間與出世間是什麼意思呢？依中國向來所說，『世』有時間性的意思，如三十年爲一世，西洋也有這個意思，叫一百年爲一世紀。所以世的意思就是有時間性的，從過去到現在，現在到未來，在這一時間之內的叫『世間』。」

無相禪師在行腳時感覺口渴，路遇一名青年在池塘裏踩水車，於是上前向青年要了一杯水喝。

青年以羨慕的口吻說道：「禪師，如果有一天我看破紅塵，我一定會跟您一樣出家學道。不過我出家後，不想跟您一樣居無定所到處行腳，我會找一個地方隱居，好好參禪打坐，不再拋頭露面。」

禪師含笑道：「哦！那你什麼時候會看破紅塵呢？」

青年答道：「我們這一帶就數我最瞭解水車的性質了，全村人都以此為主要水源，若能找到一個接替我照顧水車的人，屆時沒有責任的牽絆，我就可以做自己想做的事情，可以看破紅塵出家了。」

無相禪師道：「你最瞭解水車，請告訴我，如果水車全部浸在水裏，或完全離開水面會怎麼樣呢？」

青年說道：「水車全部浸在水裏，不但無法轉動，甚至會被急流沖走；完全離開水面又不能把水運上來。」

無相禪師道：「水車與水流的關係其實就已經說明了個人與世間的關係。如果一個人完全入世，縱身江湖，難免會被物欲紅塵的潮流沖走；假如純然出世，自命清高，則人生必是漂浮無根，空轉不前的。」

青年聽後，歡喜不已地說：「禪師您這一席話，真使我長知識了。」

佛法也如此，可變化的叫世，在時間之中，從過去到現在，從現在到未來，從有到沒有，從好到壞，都是一直變化，而這變化中的一切，都叫世。世還有蒙蔽的意思，一般人不明過去、現在、未來三世的因果；不知道從什麼地方來，要怎樣做人，死了要到哪裏去；不知道人生的意義，宇宙的本性，糊糊塗塗在這三世因果當中，這就叫做「世間」。

怎樣才叫出世呢？出是超過或勝過的意思。能修行佛法，有智慧，通過宇宙人生的真理，心裏清淨，沒有煩惱，體驗永恆真理就叫「出世」。佛菩薩都是在這個世界，但他們都是以無比智慧通達真理，心裏清淨，不像普通人一樣。

所以「出世間」這個名詞，是要我們潛心修學佛法，進一步做到人上之人，從凡夫做到聖人，並不是叫我們跑到另外一個世界去。不瞭解佛法出世的意義的人，會容易誤會佛教是逃避現實。

所以，認爲出家就是拋開一切，就是不在這個世界上的看法是錯誤的。得道的阿羅漢、菩薩、佛，都是出世間的聖人，但也都是在這個世界救渡我們，可見出世間的意思，並不是跑到另外一個地方去。

3 「空」非空，即空即有

在佛經《波羅蜜多心經》中，「空」出現的頻率比較高。但這裏的「空」，並不是我們通常認爲的一無所有，它其實蘊含著非常深刻的意義。一方面，「空」是指萬事萬物隨時處在永恆的變化之中，因此要求我們達到一種無我的境界。另一方面，「空」也是「不空」，是樣樣都有。一般人以爲佛法說的「空」，就是什麼都沒有，是消極，是悲觀。這都是因爲不瞭解佛法才引起的誤會。

靈山會上，佛陀拿出一顆隨色摩尼珠，問四方天王：「你們說說看，這顆摩尼珠是什麼顏色？」

四方天王看後，分別說了青、黃、紅、白四種顏色。

佛陀將摩尼珠收回，張開空空的手掌，又問：「那我現在手中的這顆摩尼珠又是什麼顏色？」

四方天王異口同聲地說：「世尊手中一無所有，哪有什麼摩尼珠呢？」

佛陀於是說：「我拿世俗的珠子給你們看，你們都會分辨它的顏色，但真正的寶珠在你們面前，你們卻視而不見，這豈不是顛倒了？」

佛陀感歎世人「顛倒」，因爲世人只執著於「有」，而不知道「空」的無窮妙用；總是被外在的、有形的東西所迷惑，而「看不見」內在的、無形的本性和生活，其實那才是更寶貴的明珠。

弘一法師認爲，佛法之中「空」的意義，有著最高的哲理，諸佛菩薩都是能悟到「空」的真理者。「空」並不是什麼都沒有，反而是樣樣都有，世界是世界，人生是人生，苦是苦，樂是樂，一切都是現成的。佛法之中說到有邪有正有善，有惡有因有果，要棄邪歸正，離惡向善，作善得善果，修行成佛。

那麼，佛法中講的「空」究竟有什麼意義呢？我們先看下面一則故事。

有一位畫家的畫頗有禪意，人們稱他為「禪畫師」。

一天，有人來向他求畫，他隨手拿出一幅給對方，那人一看，竟然是一張白紙，當場失望地愣住了。

禪畫師解釋說：「先生，在這幅畫裏，你可以看到一頭牛，牠正在吃草。」

此人問：「草在哪兒？我怎麼沒看見？」

禪畫師說：「草被牛吃光了。」

此人又問：「那牛呢？」

禪畫師說：「那頭牛把草吃光後，當然就走開了。」

正如蘇東坡所說的「無一物中無盡藏，有花有月有樓臺」。因爲「空無」，所以才有「無限的可能性。」

弘一法師說：「因緣和合而成，沒有實體的不變體，叫空。」爲此，他還舉了一個十分形象的例子。當一個人對著一面鏡子時，就會有一個影子在鏡子裏，怎會有影子呢？有鏡有人，還要借太陽或燈光才能看出影子，缺少一樣便不成。所以影子是種種條件產生的，不是一件實在的物體。雖然不是實體，但所看到的影子是清清楚楚的，並非沒有。一切皆空，就是依據這個因緣所生的意義而說的。

弘一法師在《切莫誤解佛教》中對「空」是這樣認識的：「佛說一切皆空，有些人誤會了，以爲這樣也空，那樣也空，什麼都是空，什麼都沒有。橫豎是沒有，是無意義，這才只做壞事，不做好事，糊裏糊塗地看破一點，生活下去就好了。」

所以佛說一切皆空，同時即說一切因緣皆有，不但要體悟一切皆空，還要知道有因有果，有善有惡。學佛之人，要從離惡行善、轉迷啓悟的學程中去證得「空」性，即空即有。如果說什麼都沒有，那又何必要學習佛法呢？佛法之所以存在，就是爲了指點人們看透因果，走出困惑。

4 莫要誤解佛法

弘一法師說：「只要是濟世利人之事，都可攝入佛道之中，佛教哪裏會是消極避世的宗教呢？學佛本是一種『以出世的方法，行入世的事業』的智慧，這種智慧正是佛教的偉大之所在。」

弘一法師懷著救世的理念而出家，出家後一直致力於弘揚佛法，四處講學。抗日戰爭爆發後，已經身患重病的弘一法師，不顧自己的病痛，積極地救濟災民。他還讓寺院的當家師，把多餘的禪房騰出來，供災民使用。

弘一法師一心與災民同甘苦、共患難。在極度缺少糧食的情況下，把好友贈送的一副非常貴重的眼鏡賣掉，只爲了能夠讓災民多得到些救助。即便做到此種程度，弘一法師依舊爲自己不能爲國爲民多做事而內疚，悲憤地開示弟子：

「念佛不忘救國！我們佛教講究報國恩。當下民族存亡，危在旦夕。僧侶們，以及所有學佛的人，要遵循佛陀教誨：莊嚴國土，利樂有情！以佛陀悲憫之心阻止殺戮，救國於危難！」

抗日戰爭時，高僧圓瑛法師秉持「扶弱懲惡，普度眾生」和「我不入地獄誰入地獄」的佛家精義，率領全國佛教界投入到抗日戰爭的洪流中去，表現出了一個傑出佛教徒的大德高行。

一九三七年盧溝橋事變後，日本發動了全面的侵華戰爭，置中國人民於巨大的戰火苦難之中。對此，圓瑛法師對身邊的弟子說：「菩薩慈悲，不能一任強暴欺凌迫害，不能坐視弱小無罪者橫遭殺戮，豈能眼看著無數生靈在敵機瘋狂濫炸下殞命，尤其不忍聽那為了抗擊日寇而負傷在沙場上，斷臂折足的戰士哀號。作為佛家弟子，我們應秉承菩薩原義，行救苦救難之責。」

接下來，圓瑛法師便主持召開了中國佛教會常務理事緊急會議，會議決定成立中國佛教會災區救護團，由他親任團長，並緊急通知京（南京）滬地區各寺廟派出兩百多名年輕僧眾，往上海玉佛寺報到，成立中國佛教會災區救護團第一京滬僧侶救護隊。隨後，第二漢口僧侶救護隊、第三寧波僧侶救護隊相繼成立。

身為救護團團長的圓瑛法師，要求參加救護隊的每位僧侶，發揚佛教救世的「大無畏」、「大無我」、「大慈悲」的三大精神，無所畏懼，不怕髒、不怕累、不怕苦、不怕難、不怕死，「忘卻身家之我見」，以大慈大悲之心去救苦救難。僧侶救護隊深入前線，穿梭於槍林彈雨之中，救死扶傷，護送難民。僅京滬隊第一分隊，就「出入江灣、閘北、大場等前線，搶救受傷戰士不下萬人」。

一九三七年冬，上海淪陷。連日激戰後的上海已是廢墟一片，屍橫遍野，百姓哀嚎不斷。盡是陣亡的中國士兵和罹難的民眾遺骸，日軍不准收埋，百姓們又無人敢冒殺頭之險過問清理。

圓瑛法師以大無畏的精神，帶頭組織掩埋隊，掩埋隊由玉佛寺、法藏寺、清涼寺、國恩寺、關帝廟、報本堂等寺廟的僧眾和香工組成，圓瑛法師親任總隊長。動用四輛汽車，由掩埋隊將屍體一具一具地抬上車，再送到郊外埋葬，晝夜不停。掩埋隊花了三個多月時間才完成這項工作，埋葬屍體一萬多具。圓瑛法師率領中國佛教界抗敵救災的一系列義舉，獲得了國內外的高度讚揚，當時國民革命軍一級將領陳誠也不得不承認：「真正到前線上去救護的只有他們。」

圓瑛法師的正義行為，當然也引起了日本侵略者的忌恨。圓瑛法師在國內外民眾中的影響力非常高，日本侵略者先是對其進行拉攏，請他出任「中日佛教會」會長，企圖以此控制中國佛教界，進而控制中國民眾，但此次請求遭到了圓瑛法師的嚴辭拒絕。

日本侵略者見軟的不行，便露出了猙獰的真面目。一九三九年農曆九月初一，時逢圓明講堂蓮池念佛會成立紀念之時，正當圓瑛法師在殿堂上供禮佛時，日本憲兵突然包圍了圓明講堂，以抗日的罪名逮捕了圓瑛法師等人，押往上海北四川路日本憲兵懷念部進行刑訊，企圖威逼圓瑛法師承認並聲明抗日有罪。

圓瑛法師大義凜然地面對侵略者的刑具，毫不屈服，高聲念佛。隨後，日寇又將他押往南京的日本憲兵司令部，由日本的「佛學專家」進行刑訊。然而，這些所謂的「專家」都被圓瑛法師高深的佛理駁得啞口無言。惱羞成怒的日寇只能對圓瑛法師進行肉體折磨，每天都折磨至深夜不止，幾度使其昏厥不省人事，企圖迫其就範。但圓瑛法師已進入無我境界，他心繫民眾，深信自身的痛苦可以減免眾生的痛苦。最後，日寇無計可施，又因圓瑛法師名播中外，眾望所歸，在日本也有很高的聲譽，最後只好將他釋放。虎口脫險的圓瑛法師，仍然不改初衷，為抗敵救災而奔走呼號。

圓瑛法師是現代中國佛教界的精英，出世常懷家國憂，在中華民族危難之秋，他不因自己無守土之責而超然物外，挺身團結佛門僧眾，共赴國難。

弘一法師說：「不瞭解佛法出世的意義的人，誤會佛教是逃避現實，因而引起不正當的批評。」

《切莫誤解佛教》說，佛菩薩都是在這個世界，但他們都是以無比智慧通達真理，心裏清淨，不像普通人一樣。所以「出世間」這個名詞，是要我們修學佛法的，進一步能做到人上之人，從凡夫做到聖人，並不是叫我們跑到另一個世界去。

近代國學大師梁啓超說：「佛教是智信，不是迷信，是兼善而非獨善，乃入世而非厭世。」佛經說，菩薩雲遊四海，普度眾生於水火苦難之中。學佛法之人皆鬚髮「大菩提心」，以一般人之苦樂爲苦樂，抱熱心救世之宏願，不僅不是消極，而是一種積極。

5 空門生活很悠閒？

一般人對佛家生活的瞭解多是通過電影和電視劇的再現，他們認爲那些坐落在深山中的寺院總是清靜幽美，宛如人間仙景。而住在院裏的人，無一不是看破紅塵，想要過著無牽無掛的生活，於是，他們便以爲空門生活很悠閒。其實這也是對佛家的一種誤解。

面對人們對出家人生活的誤解，弘一法師解釋說：「有的人看到佛寺廣大莊嚴，清淨幽美，於是羨慕出家人，以爲出家人住在裏面，每天都有施主來供養，無須做工，可以坐享清福。如流傳已久的『日高三丈猶未起，不及僧家半日閑』之類的話，就是此種謬說。他們不知道，出家人有出家人的事情，出家人要勇猛精進，自己修行時『初夜後夜，精勤佛道』。對信眾說法，應該四處遊化，出去宣揚真理，過著清苦的生活，爲眾生、爲佛教而努力，自利利他，非常難得。所謂僧寶，哪裏是什麼事都不做，坐享現成，坐等施主來供養。這大概是因爲出家者雖多，能盡出家人責任的卻很少，所以社會才會有此誤解吧！」

出家人追求的是對生命本質的透視和解脫，出家人對自己修行生活的要求很是嚴格。爲了不斷地戰勝「自我」，出家人必須日日修行，時時修行，這個過程也是無比艱難的。

古人說：「出家乃大丈夫事也，非王侯將相所能爲也！」佛教中，男僧人要具足兩百五十條戒律，女僧人要具足三百四十八條戒律。要通過苦修淨心、斷六根、出塵土、守戒律、徹底證悟空性思想、表法給眾生聽，給眾生做表率。

出家人一般凌晨三點多鐘起床，一年三百六十五天，天天都要課頌，雷打不動。此外，寺廟中還會給出家人安排很多工作，學習經教、禪修，晚上不能早睡，要參與大眾共修，其忙碌程度不是一般人所能想像的。

弘一法師雖貴爲一代宗師，但他仍然過得非常忙碌。他不願浪費一絲一毫時間，日日做閱讀和朗誦的常課。傍晚時，弘一法師手持念珠念誦佛號，經行散步。律中規定，穿不過三衣，食不逾午，弘一法師都嚴格遵守。

社會上一些不瞭解佛教的人，認爲出家人什麼都不做，爲寄生社會的消費者，好像一點用處都沒有。

對此，弘一法師解答說：「不知人不一定要從事農、工、商的工作，教員、新聞記者，以及其他從事自由職業的人，也能說是消費者嗎？出家人並非成日無事可做，過著清閒的生活，他們要勇猛精進，要導人向善、重德行、修持，要使信眾的人格一天一天提高，能修行生死，使人生世界得到大利益，怎能說是不做事的寄生者呢？出家人是宗教師，可說是廣義而崇高的教育工作者，所以不懂佛法的人說，出家人清閒，或說出家人寄生消費，都是不對的。真正的出家人應該是繁忙而充實的。」

6 信仰佛教，國家就會衰弱？

一九二七年春，弘一法師在杭州吳山常寂光寺坐關。當時浙江省政局未定，新貴年少群議紛紜。弘一法師聽說有人倡議要滅佛驅僧，心下不安，決定出關。

弘一法師約請了若干個當時主張滅佛的人，到寺院會晤。其中大多數都是弘一法師在浙江第一學校教過的學生。談判前，弘一法師手持預先親筆寫的勸誡字條分贈來者，從始至終，弘一法師沒說一句話。

其中主張最激烈的某君，也是弘一法師的學生。此人平日能言善辯，法師邀他坐在身邊，他竟也沒說一句話。那天天氣很冷，雖然穿了棉大衣，還不足以禦寒，那人出寺後，卻滿頭大汗。

滅佛驅僧之議，從此不再有人提了。

中國歷史上有四次大的滅佛運動，起因都是人們對佛教的誤解。弘一法師說：「他們以爲印度是因信佛才亡國的，他們要求中國富強，於是武斷地認爲國人不能信仰佛教，其實這是完全錯誤的。研究過佛教歷史的人都知道，過去印度最強盛的時代，便是佛教最興盛的時期，那時候，孔雀王朝的阿育王統一印度，把佛教傳播到全世界。」

據佛經記載，西元前二七三年，頻頭娑羅王逝世，阿育王在大臣成護的幫助下，與其兄蘇深摩爭奪王位並取勝，後又把王族政敵全部殺死，因此他在統治初期被認為是一個暴君。

不久後，阿育王開始信奉佛教。在西元前約二六一年，阿育王征服羯陵伽國，羯陵伽國有十五萬人被俘，十萬人被殺，死傷數十萬。他繼而統一了除邁索爾地區的印度全境。阿育王統治印度的時代，成為古代印度歷史上空前強盛的時代。

據說，阿育王由於在征服羯陵伽國時親眼目睹了大量的屠殺場面，深感悔悟，於是停止武力擴張，採用佛法征服。由於阿育王強調寬容和非暴力主義，他在民眾的歡呼聲中統治印度長達四十一年。

阿育王將佛教定爲國教，並派人前往各地宣傳佛教，因此，那個時代的亞、非、歐三洲都有佛教徒的足跡。因爲阿育王的努力，佛教才能成爲世界上最重要的宗教之一。

中國歷史上，也有這種實例。現在在其他國家，中國人往往被稱爲唐人，中國則被稱爲「唐山」，由此可見，唐朝時期的中國給世界帶去了怎樣的影響。佛教的脈動與中國的發展保持了一致，在國運昌盛的唐朝，恰恰也是佛教最興盛的時代。

西元前六一九年，唐高祖在京師聚集高僧，立十大德，管理一般僧尼。唐太宗即位後，非常重視譯經的事業，命波羅頗迦羅蜜多羅主持譯經，又度僧三千人，並在舊戰場各地建造寺院，一共七所，大大促進了當時佛教的開展。西元前六四五年，著名的玄奘和尚從印度求法歸來，朝廷為他組織了大規模的譯場。玄奘以深厚的學識為基礎，精確地翻譯出了大量經文，給予當時佛教界極大影響。

弘一法師認為，唐武宗破壞佛教的那段時期，也是唐代走向衰落的時期。唐滅宋起，宋太祖、太宗、真宗、仁宗都崇信佛教，而這些皇帝在位的年代，也是宋朝興盛的時期。明太祖朱元璋本身是出過家的，明太宗亦非常信佛，他們在位時期，不都是政治修明，國力隆盛嘛！日本在明治維新之後能夠躋身世界強國之列，也是他們大為信奉佛教之時。誰敢說信佛能使國家衰弱？

佛教可以淨化人心。早在兩千多年前，莊子就將一味追求物欲的「危身棄生以殉物」的人生視為悲劇。而孔子的「飯蔬食，飲水，曲肱而枕之，樂亦在其中矣」也向我們說明，只要擁有充實的精神世界，再儉樸的生活中都可以找到人生的樂趣。在此同時，如果還能有健康的宗教信仰就更好，不僅精神有了歸宿，對人生意義的認識也不再迷惘。如果能做到這幾點，我們就不會成為物質和金錢的奴隸，社會也能得到健康發展。

7 佛教對社會沒有益處？

弘一法師說：「近代的中國人士，看到天主教、基督教辦有學校、醫院等，而佛教少有舉辦，就認爲佛教是消極的，不做有利社會的事業，於社會無益。這是錯誤的論調，他們最多只能說，近代的中國佛教徒不努力、不盡責，絕不能說佛教什麼都不做。過去的中國佛教，也辦有慈善事業，現代的日本佛教徒，辦大學、中學等很多，出家人也多有任大學與中學的校長與教授之職，慈善事業，也由寺院僧人來主辦。」

在中國歷史上，自佛教傳入中國落地生根之後，才開始出現有組織、有制度的慈善救濟行爲。凡跨越家族、宗族、地域的社會化的民間公益事業，如修橋鋪路、開挖溝渠、植樹造林、放生護生等，幾乎都是由寺院發起，或有僧人一起參與主持的。在災荒或戰亂的年代，各寺院多會向百姓施粥、施衣、施藥、施棺，也會爲舉目無親的人們提供避難所。

唐朝的曇選法師，常在山西並州興國寺門前置大鍋一口，盛滿米粥，親手周濟貧饑；漢州（四川成都）開照寺的鑒源和尚，每天在講演《華嚴經》之餘，設千人粥食分與饑人；宋孝宗乾道八年（一一七二年）饒州僧人紹禧、行者智修煮粥，供贍五萬一千三百六十五人；

另還有僧法傳、行者法聚供贍三萬八千五百一十六人，四人分別被詔令賜予紫衣與度牒。

佛寺施粥的傳統一直保存至近代。一九三九年成立的上海佛教同仁會即辦有施粥處，印製粥票請各界善士認購，同時特約熱心善舉的粥店，作爲施粥的供應點，全市貧民或流落街頭者，持該會所所發粥票到特約店食粥。此舉創行後，全市貧民受惠匪淺。前後五年，得免費吃粥的貧民，總數達千萬餘人。

在中國古代，民間的慈善事業基本上是由僧侶和佛教信徒來做的，寺院興辦慈善事業對中國社會產生了極大影響，也做出了巨大貢獻。

《觀無量壽經》云：「佛心者大慈悲心是。對苦難眾生的救助，是佛教的慈善事業。『不爲自己求安樂，但願眾生的離苦』是大乘菩薩的行願，也是佛教慈善事業的宗旨精神。」

有一次，證嚴法師去醫院看一位生病住院的信徒。

證嚴法師從醫院出來後，看到地上有一灘血，但是沒有看到病人，就問道：「地上怎麼有那麼多血呢？」

有人告訴他說：「是一位原住民女子難產，家屬聽說住院開刀要繳八千元的保證金及醫療費，就又把那婦人抬了回去。」

法師聽了這句話極為心疼，當時卻也無法做進一步瞭解——究竟那位婦人是死是生？法師自忖：倘若能及時發現，也需有錢適時發揮救人的功能，於是一個濟世團體的雛形——佛教克難慈濟功德會，就這樣成立了。

功德會最初只有四名弟子和兩位老人家，每人每天各加工一雙四元的嬰兒鞋，一天增加二十四元，一個月平均七百二十多元；後來又增加了三十位信徒，他們則是在不影響生活的情形下，每天節省五毛菜錢，作為濟難的救助金。

證嚴法師利用屋後的竹子，鋸了三十根存錢筒，發給信徒一人一根，要他們堅持每天存進去五毛錢。

信徒覺得奇怪，為什麼不乾脆每個月繳十五元呢？法師說：「不奇怪，我要你們每天臨出門前，就有一顆救人的心，節省五毛錢，即是培養節儉的心與愛人救人的心，兩個心存於一體，力量是很大的。」

於是這三十個人，每天提起菜籃到菜市場，逢人便歡喜地宣揚：「我們每天要存五毛錢！我們有一個救濟會，我們要救人！」因此，「五毛錢也可以救人」的消息不脛而走，參與的人變得越來越多。

就這樣，在一個廿八歲無名僧尼的引導下，一群手挽菜籃的主婦，寫下了中國當代最輝煌的佛教慈善事業的一頁。

弘一法師說：「錫蘭、緬甸、泰國的佛教徒，都能與教育保持密切的關係，兼辦慈善事業。所以不能說佛教不能給予社會以實利，只能說佛教徒沒有盡佛家弟子的責任，應該多從這方面努力，這樣才會更合乎佛教救世的本意，使佛教發達起來。」

臺灣有一個教授說過，中國僧侶宗教典範的追尋，都是解行兼備和入世救度的，在入世的佛教實踐中，對社會大眾苦惱有所關懷和幫助。

佛教要求斷一切惡，修一切善，敦促人們在社會生活和個人生活中內省律己，克服私欲，去惡從善，培養高尚的人格情操。

佛法的普度眾生理念，是爲了救度一切眾生的。現在越來越多的佛教徒做起了慈善事業，這更合乎佛教濟世的本意。

8 佛法是哲學

佛用「法」這個代名詞代表萬事萬物，所以「佛法」這兩個字連起來，就是無盡的智慧、覺悟，宇宙人生一切萬事萬法。

哲學，社會意識形態之一，是關於世界觀的學說，是理論化、系統化的世界觀，是自然知識、社會知識、思維知識的抽象概括和總結，是世界觀和方法論的統一，是社會意識的具體存在和表現形式，是以追求世界的本源、本質、共性或絕對、終極的形而上者為形式，是以確立哲學世界觀和方法論為內容的社會科學。

哲學源於希臘，但用於學術名詞，則是從柏拉圖開始的。柏拉圖說：「惟神有智，人則止能愛乎智而已。已有智者及愚昧不學者，均不得謂之哲學者。」

弘一法師說：「哲學之要求，在求真理，以其理智所推測而得之某種條件，即所謂真理。」哲學與佛法並非一回事。近代以來，各學科越分越細，哲學領域也越來越狹隘。哲學產生之後，研究的問題就有唯心、唯物、一元、二元之分，所言繁雜，使人莫衷一是。

弘一法師針對這種現象，舉了個「盲人摸象」的例子。

古有盲人，其生平未曾見象之形狀，因其所摸象之一部分，即謂象之全體，故或摸其尾，便謂象如繩，或摸其背便謂象如床，或摸其胸便謂象如地。雖因所摸處不同而感覺互異，總而言之，皆是迷惑點到之見而已。

大象如真理一樣，哲學家看不到真理，所以才會像盲人一樣摸索。每一種哲學研究都有其道理，有其價值，但是此真理只是限制在觀念中的真理，所以才會有缺陷與不足。

佛法不像哲學家們那樣，對真理進行虛妄的猜測。佛法強調實證，如同明眼人親眼看到真正的大象一樣，佛法強調事實的重要性，用事實打消所有的疑惑。

佛教強調「真如」。「真」是真實不虛妄之意；「如」則不變其性之意。「真如」即真實而自如，一般解釋爲絕對不變之「永恆真理」，或宇宙萬物的本體，真實本質，真實性相。其別稱有：「如如」、「性空」、「無爲」、「實相」、「法界」、「法身」、「法性」、「實際」、「真實」、「真性」、「實相」、「法身」、「佛性」等。其總的概念是指真實無妄永恆不變的真理或本體。

弘一法師認爲「真如」是真實、平等、無妄情、無偏執、離於意想分別。哲學家所追求的，就是弄清宇宙萬物的真相和本體，就是探求「真如」。

佛法不是哲學，哲學裏頭有能有所，佛法雖然講能講所，但它的能所是一不是二。哲學裏頭沒有「所能不二」這個說法。所以說，「佛法非哲學，也非宗教，而爲今世所必需」。

【第二課】

戒貪：清心寡欲養身心

欲望太多會讓人迷失本性
克制貪欲，內心才會純淨
走出心中的乾闥婆城
別因虛妄的東西而錯過路上的風景
富貴人間夢，功名水上鷗
學會知足，在世無惱也無憂

1 欲望太多會讓人迷失本性

弘一法師認爲，人有欲望是很正常的，但是人的欲望又是無限的，現實難以滿足人的全部欲望。所以，人的欲望也應該有個「度」，一旦欲望太多，做得過了度，事情便會走向反面，好事變成了壞事，最後只會招致不利於自己的結果。

貪婪的眼睛如果永遠不知滿足，終究會迷失方向。弘一法師提醒世人要「慳貪」，要戒除太多的不正當欲望，「人心不足蛇吞象」，多欲無厭，就會跌入萬劫不復的深淵。

欲望是人乃至動物都有的正常生理和心理需求，它能給我們帶來活力與動力。欲望分爲正常與不正常兩種，正常的欲望讓我們善用生命、青春、恩澤，不正常的欲望讓人喪失自我，顛倒人生，最終走向瘋狂和毀滅。

在生活中，我們隨時都要面對大大小小、形形色色的誘惑。人的欲望就像塡不滿的無底洞，因此我們需要培養克制自己欲望的能力，不能讓不正常的欲望拖累自己。否則，悔之晚矣！

波羅脂國有兩個比丘，聽說佛陀在舍衛國大開法筵，演說妙法，二人便相約一同前去聽佛陀開示法要。

兩個人簡單地收拾了些行囊，便向舍衛國出發了。太陽炙烤著大地，他們則揮汗如雨地低頭疾行。

二人走著走著，覺得口乾舌燥，但一路上卻沒有碰上半點水源，二人只得耐著口渴，繼續往前走……

正當二人走得精疲力竭之時，一口井就出現在他們面前，二人眼前一亮，宛如久旱逢甘霖般，欣喜地前去汲水。

當他們把水汲出井後，卻發現水中有蟲，這時其中一位比丘早已顧不得水中有蟲，迫不及待地一飲而下。而另外一位比丘，只是默然地站立在井邊。

喝了水的比丘問道：「你不是也很渴嗎？為什麼現在卻不喝了呢？」

這位比丘答道：「佛陀有制戒，水中有蟲不得飲用，飲了即犯殺生戒。」

喝了水的比丘就相勸說：「你還是喝了吧，不然渴死了就見不著佛陀了，更別說是聽經聞法了。」

比丘聽完，不為所動地說：「我寧可渴死，也不願意破戒而活。」

最終，這位堅持不喝水的比丘因此喪失了性命。但由於持戒的功德力，他死後立即升到天道，當天晚上就以神通力抵達佛所，頂禮佛陀，佛為他說法，便得到了法眼淨。

喝了水的比丘獨自一人繼續趕路，直到隔日才來到佛所，一見佛陀，立刻五體投地地至誠禮拜。

佛陀以神通智能力得知先前發生的事，詢問道：「比丘，你從何處來？有沒有同伴隨行？」

比丘隨即一五一十地把路上發生的事告訴了佛陀。

佛陀呵責道：「你這個愚蠢的人，你雖然現在眼睛見到了佛，但是卻沒有真正見到佛，那位持戒而死的比丘已先你一步來見我了。」

佛陀更進一步說：「如果有比丘放逸懈怠，雖與我同住在一起，也能常常見到我，但我卻不曾見這樣的比丘；若有比丘離我數千里，能精進用功，不放逸，雖然彼此相隔千里之遙，而這樣的比丘卻能常常見到佛，而佛也常常見到比丘。」比丘聽完佛的教導，若有所悟，羞愧地頂禮而退。

弘一法師說：「佛教認爲『一寸道九寸魔』，人要學會時刻節制自己的欲望。一個人如果有了太多的欲望，他就永遠不知道什麼是滿足，他會不停地向外追求和佔有。」

有人說：「欲望像海水，喝得越多，越是口渴。」欲望太多，沒有節制，便成了貪婪。貪婪是可怕的，人的一切都可能因爲貪婪而毀掉。

現實中的人之所以每天都覺得自己忙忙碌碌的，就是因爲他們有太多的欲望，當一個欲望得到滿足之後，一個新的欲望又會產生，那麼就永遠不會有終結的時候。欲望像火，誘惑像柴，柴放得越多，火燒得越旺，火燒得越旺，就越有添柴的衝動。人就在這過多的欲望面前迷失了自己，迷失了人的本性，所有的自尊與恪守的原則，甚至生命，都會在貪婪的欲望裏毀掉。

有一個人潦倒得連床也買不起，家徒四壁，只有一張長凳，他每天晚上就在長凳上睡覺。這個人很吝嗇，他也知道自己的這個毛病，但就是改不了。他向佛祖祈禱說：「如果我發財了，我絕對不會像現在這樣吝嗇。」

佛祖看他可憐，就給了他一個裝錢的口袋，說：「這個袋子裏有一個金幣，當你把它拿出來以後，裏面又會有一個金幣，但是當你想花錢的時候，只有把這個錢袋扔掉才能花錢。」

那個窮人就不斷地往外拿金幣，整整一個晚上沒有合眼，地上到處都是金幣。就算他這一輩子什麼都不做，這些錢也足夠他花的了。每次當他決心扔掉那個錢袋的時候，都捨不得。於是他就不吃不喝地一直往外拿著金幣，以致整個屋子都裝滿了金幣。

可是他還是對自己說：「我不能把袋子扔了，錢還在源源不斷地出，還是讓錢更多一些的時候再把袋子扔掉吧！」

到了最後，他虛弱得連把金幣從口袋裏拿出來的力氣都沒有了，但他還是不肯把袋子扔掉，終於死在了錢袋旁邊，屋子裏裝的都是金幣。

欲望太多的人，每天都生活在費盡心機的算計中，有的人甚至會爲了欲望不擇手段、走極端。在追逐欲望的過程中，從來不計後果，因爲欲望早已迷惑了他的心，遮住了他的眼。

弘一法師一生沒有太多的欲望，他不追求名譽，有人寫文章讚揚他，他卻對此進行斥責。他一生也不貪蓄財物，別人供養的錢財，他都用在了弘揚佛法和救濟災難上，他不求名利，沒有私欲，因此贏得了世人的尊敬。

人只有在沒有任何非分追求的欲望下，才能體會到自己真正的本性，看清本來的自己。放縱自己的欲望，就會傷害自己的心靈，只有控制欲望不爲物役，才能活得簡單，活得自由。

2 克制貪欲，內心才會純淨

弘一法師提醒我們，人可以有正常的欲望，過多的欲望就會成爲貪欲，最好不要有。人如果有了貪欲，要用理智去克制，只有戰勝了貪欲，人的內心才會保持純淨。

「人，生而有欲」。不過，對待欲望要講方寸、講量度、講理智、講理性，倘若欲望狂蕩、狂奔、狂極，也就是使欲望任意擴張、膨脹、肆虐，欲望變成了私欲、貪欲、邪欲，就會出現「欲熾則身亡」。欲望一旦超出了人的自制力，就會變成邪惡的魔咒、心靈的枷鎖。古人曰：「貪如火，不遏則自焚。」老子曰：「禍莫大於不知足；咎莫大於欲得。」司馬遷在《史記》中說：「欲而不知止，失其所以欲；有而不知足，失其所以有。」

內心充滿貪欲的人，會爲了自己想要的東西，殫精竭慮地算計。得到了，還想要更多，一旦得不到，就氣急敗壞，心裏根本平靜不下來，這樣的人會活得很辛苦。克制貪欲，說起來容易，做起來卻很難，有幾個人能在欲望面前讓自己保持清醒？所以，戒貪，是佛教中的一戒。克制貪欲最重要的是要樹立正確的金錢觀，不要讓金錢腐蝕了人的內心，不能成爲金錢的奴隸。

「貪」字是上面一個「今」，下面一個「貝」。在中國古代，貝是用來當錢幣使用的，是財富的象徵。面對財富，是馬上就想擁有，一個「貪」字，形象地描摹出了世人對欲望無窮無盡的追求。

從前，在普陀山下有一個樵夫，長年累月以打柴為生，他整日早出晚歸，餐風露宿，但是家裏仍然常常揭不開鍋。於是，他的老婆天天到佛前燒香，祈求佛祖慈悲，讓他們一家人能脫離苦海。

或許真是蒼天有眼，大運降臨。有一天，樵夫突然在大樹底下挖出了一個金羅漢！一夜間變成了百萬富翁。於是他買房置地，宴請賓朋，好不熱鬧。很多親朋好友如雨後春筍般冒了出來，向他表示祝賀。

按理說此時的樵夫應該非常滿足了。可是他卻只高興了一陣子，接著就又愁眉苦臉起來，吃睡不香，坐臥不安。

他的老婆看在眼裏，勸他說：「現在吃穿不愁，又有良田美宅，你為什麼還是愁眉苦臉的？就算有賊來偷，一時半會兒也偷不完，你這個喪氣鬼！天生就是受窮的命！」

樵夫聽到這裏，不耐煩了：「你個婦道人家懂得什麼？怕賊偷還只是小事，關鍵是十八羅漢我才得到了其中的一個，那十七隻我還不知道埋在哪裏呢，我怎麼能夠安心！」說完樵夫便又像隻被烤熟的鴨子一樣，癱軟在床上。

結果，這個樵夫抱著個金羅漢還整日愁眉不展，最終落得疾病纏身，與幸福擦肩而過。

人的欲望是沒有窮盡的，一切惡念皆由貪欲引起。克制貪欲，保持一顆平常心才能夠知足常樂，內心才會純淨。多貪多欲的人，縱然是富甲天下，也還是無法滿足，到頭來還是「窮人」一個——精神貧窮。窮得只剩下錢的人，他們擁有的是痛苦的根源，而不是幸福的靠山；而那些少欲知足的人，才是真正的富人。

弘一法師在《晚清集》中輯錄了一句話：「生死不斷絕，貪欲嗜味故，養怨入丘塚，虛受諸辛苦。」貪是貪愛，是欲望，要是不斷地增加貪的欲望，便如同養了冤家，內心不能純淨，一生的修行都會落空。

有一位法師，一輩子做好事、做功德、建寺廟、講經說法，自己雖沒有打坐、修行，可是他功德依然很大。法師年紀大了，就看到兩個小鬼來捉他，這個鬼在閻王那裏拿了拘票，還帶了刑具手銬。

法師說：「我們打個商量好不好？我出家一輩子，只做了功德，卻沒有修持，你給我七天假，七天打坐修成功了，先度你們兩個，閻王我也去度他。」那兩個小鬼被他說動了，就答應了他的請求。法師以他平常的德行，一上座就放下萬念，廟子也不修了，什麼也不幹了。三天以後，無我相，無人相，無眾生相，什麼都沒有，就是一片光明。

第七天，兩個小鬼依約前來，只看見一片光明，卻怎麼也找不到法師。他們心想：完了，上當了！

兩個小鬼對著光明說道：「大和尚你總要慈悲呀！說話要有信用，你說要度我們兩個，不然我們回到地獄去要坐牢啊！」法師大定了，沒有聽見，也不管。

兩個小鬼就商量，怎麼辦呢？只見這個光裏還有一絲黑影。有辦法了！這個法師還有一點不了道，還有一點烏的，那是不了之處。

因為這位法師功德非常大，當朝皇帝便聘他為國師，還送給他一個紫金缽盂和一件金縷袈裟。這個法師別的什麼都無所謂，唯獨喜歡這個紫金缽盂，就連打坐時也端在手上，萬緣放下，只有缽盂還拿著。兩個小鬼看出來了，他別的什麼都沒有，只這一點貪還在。

於是，兩個小鬼就變成老鼠，去咬這個缽盂，「卡啦卡啦」的啃咬聲，讓和尚動了念，隨著這一動念，法師周身的光沒有了，現出了身來。兩個小鬼趁此機會，立刻把手銬銬在了法師的手上。法師很奇怪，以為自己沒有得道，小鬼就說明經過，和尚聽了，把紫金缽「卡啦」往地上一摔，「好了！我跟你們一起見閻王去吧！」這麼一下子，兩個小鬼也開悟了。

只要心中還有貪念，就不能自已，內心就不會純淨。人只有清空了心靈，才能最大限度地獲得生命的自由、獨立。弘一法師生平最愛金石字畫，準備出家前，他把自己珍藏的所有書籍、字畫分贈給了學生，平生所有的印章，也都捐贈給了西泠印社，真所謂「赤條條去無牽掛」。

心中充滿貪欲之人，時時刻刻都在算計自己想要的東西，得到了還想要更多，永遠沒有滿足的時候。多少人因爲貪欲，最後身敗名裂，鋃鐺入獄，不但害了自己，還害了家人。貪欲是困擾人心靈的蛛網，面對欲望要時刻保持清醒，克制自己，不貪、不占、不爲私欲所蒙蔽，保持心靈的淡泊寧靜。

貪欲心重的人往往常懷恐懼，因爲他們害怕會失去心愛的東西，所以會想盡辦法保有佔據。朝野人士爲了既得利益而爭論不休，社會人士爲了常保地位而互相傾軋，很多人都是貪圖一時的享樂，最後弄得自己身敗名裂，悔不當初。

人心一旦被貪欲控制，就永遠沒有消停和安靜的時候。越是沒有越想得到，得到了以後又覺得不過如此，於是又生出其他的貪求，周而復始，永無止境。這就是佛家的貪欲苦。要想解除這種痛苦，只有修身養心，不起貪欲，方可得到平和快樂。

「貪欲本無體，執境便成迷」，只要我們明白了貪欲之虛妄不實，心無妄求，那麼無論什麼樣的境界來臨，我們都能以正智觀察，行無顛倒，自然不會憂悔畏懼。因此，《法句經》告訴我們，「無所貪欲，何憂何懼」？

3 走出心中的乾闥婆城

弘一法師在《晚清集》中輯入了「是身如掣電，類乾闥婆城，云何於他人，數生於喜怒」這麼一句話，作爲自省。這句話出自《諸法集要經》。乾闥婆城是指幻化之城，就像是海市蜃樓。其意思是說，人生如閃電般刹那間生滅，如同一座幻化的城市，是虛幻的，不是真實的。既然一切都不是真實的，就沒有必要那麼投入。

其實，每個人心中都有一座乾闥婆城，爲了成爲這座虛幻之城的主人，他們不斷地爭鬥，拚命地謀取。人類社會所有的物欲、美色、財富、紛爭，都是因爲人們對人生沒有透徹的認識。人們不但得不到幸福，反而成爲痛苦的根源。只有看透人生觀的虛幻本質，放棄那些不正常的欲望，才能得到真實的自由和快樂。

有人曾說過這樣一句話，**貪欲會隨著金錢數量的增加而增加，而痛苦則會隨著貪欲的增加而增加**。有人被困在自己的乾闥婆城裏，拚命地聚集財富，卻完全忘記了積聚財富的目的。

弘一法師說：「從前常有人送我好的衣服或別的珍貴之物，但我大半都會轉送別人。因爲我知道我的福薄，好的東西是沒有膽量受用的。」弘一法師出家後，生活清寒，而他卻安於這種清寒的生活，並享受清淡生活的快樂。

《金剛經》說：「一切有爲法，如夢幻泡影，如露亦如電，應作如是觀。」乾闥婆城是幻象，非真實。世間萬法無常，如執著有我有常就痛苦了。起心動念，順自己意思，生歡喜心；不合自己意思，生嗔恚心。不知道一切事都是假的，都是一場夢而已。

放棄一切虛幻的障礙，放棄不正常的欲望，用理智的生活態度去體驗生活意義。根據自身的實際條件，去實現自己正常的、合理的欲望，實現自己的人生夢想。走出虛幻的乾闥婆城，你會發現，在真實的世界裏，天是藍的、草是綠的，生活無比輕鬆自由。

4 別因虛妄的東西而錯過路上的風景

都說現代人活得累，活得不容易。這是因爲人們都在爲名忙，爲利忙。忙得沒時間休閒、沒時間享受生活，從而錯過了人生很多美好的東西。面對虛妄的名利，許多有德行的大師都極力將名聲摘取，希望還自己一個輕鬆的身心。

弘一大師就曾對各種各樣的名利一概拒之，視名利如浮雲。面對別人送上門的吹捧，他決定處理沒有完成的事情，將學人侍者等一概辭謝，去除一切功名，遂我初服。

蘇東坡寫過一句詩，叫：「人似秋鴻來自信，事如春夢了無痕。」人世中的一切事、一切物都在不斷變幻，沒有一刻停留。今天世人還在追求的東西，明天就可能會被世人唾棄。對這種現象，佛教中叫「無常」，**萬事萬物都在變化之中，不要為了追求一些虛妄的東西而讓自己陷入忙碌之中，失去了享受人生的時間。**

古人說：「名是韁，利是鎖。」塵世的誘惑如繩索一般牽絆著眾人，一切煩惱、憂愁、痛苦皆由此來。別因這些虛妄的東西而錯過路上的風景。

「世之熙熙皆爲利來，世之攘攘皆爲利往」。世界上人事繁雜，常常讓人痛苦不堪，多少人忙碌一生皆爲名利，豈知面對誘惑時，只有能夠超越名利，才能夠達到內心的寧靜與和諧。正如鄭板橋先生詞云：「名利竟如何，歲月蹉跎，幾多風雨幾晴和，愁風愁雨愁不盡，總是南柯。」人的生命是有限的，又何必被虛名浮利所累呢？何不停下腳步，欣賞一下路上的風景？

禪宗主張超越一切，只有學會超越，才能將世間的喧囂置之度外，不為外界凡塵之事所煩擾。

神會禪師前去拜見六祖慧能，六祖問他：「你從哪裏來？」

神會答道：「沒從哪裏來。」

六祖問：「為什麼不回去？」

神會答：「沒有來，談什麼回去？」

六祖問：「你把生命帶來了嗎？」

神會答：「帶來了。」

六祖又問：「既有生命，應該知道自己生命中的真相了吧？」

神會答：「只有肉身來來去去，沒有靈魂往往返返！」

六祖聽完，抬起禪杖，打了神會一下。

神會毫不躲避，只是高聲問：「和尚坐禪時，是見還是不見？」

六祖又杖打了三下，才說：「我打你，是痛還是不痛？」

神會答：「感覺痛，又不痛。」

六祖問：「痛或不痛，有什麼意義？」

神會答：「只有俗人才會因為痛而有怨恨之心，木頭和石頭是不會感覺到痛的。」

六祖滿意地說道：「這就是了！生命是要超越一切世俗觀念，捨棄一切塵想與貪欲的。見與不見，又有什麼關係？痛與不痛，又能怎樣？無法擺脫軀殼的束縛，還談什麼生命的本源？」

六祖又說：「問路的人是因為不知道去路，如果知道，還用問嗎？你生命的本源只有自己能夠看到，你因為迷失了，所以才來問我有沒有看見你的生命。生命需要自己把握，何必問我見或不見呢？」

神會默默禮拜合十。原來，生命的真諦就是要超越一切世俗觀念，捨棄一切塵想與貪欲，因為，對於人來說，身外的一切都是多餘的。

弘一法師一生不求名利，因爲放下一切，心自空明，而得到了世人的信任與愛護。超出欲望的需求而追求品德的完善，是人格的偉大之處。對弘一法師來說，這個世界不存在一切束縛，因而他能來去自由、灑脫輕鬆。不爲虛妄的東西所動，能夠放下世間的一切假像，不爲功名利祿所誘惑。有所爲，有所不爲，才能使心靈得到歷練，才能擺脫物欲的控制，獲得絕對的自由。

一個人對物質的需求過多，就看不清生活的真相。只有放下功名利祿，不沉湎於愚人愛樂的生活，才能品嘗生活的真滋味，享受生命的真快樂。

在這個世界上，名與利通常都是人們追求的目標。誰不愛名利呢！名利能給人帶來優裕的生活，顯赫的地位。但是這些虛妄的東西，也會讓人身心疲憊，憂愁煩惱；更會讓人錯過一些生活中原本美好的東西。

5 富貴人間夢，功名水上鷗

對名利的追求，已經滲入到人們的骨髓中了。真要讓人放棄對名利的追求，無不如自斷肱股，難而又難。但是誰又能保證這種「心想事成」的夢幻生活，能保持五年、十年，甚至更久？十三歲的李叔同寫出了「人生猶如西山月，富貴終如草上霜」的詩句，可謂禪意十足。後來，他自己也真正做到了視名利如浮雲，飄然出家，成為一代宗師。

許多有德行的大師為了還自己一個輕鬆的身心，都極力將社會加諸於自己的名聲摘去。弘一法師就曾對各種各樣的名利一概拒之，他去除一切功名，孑然一身，遂我初服，在弘一法師眼中，名利如同浮雲，不值一提。

弘一法師出家後，極力避免陷入名利的泥沼，以免自汙其身，他從不輕易接受善男信女的禮拜供養。每到一個地方宣揚佛法，都要先立約三章：一不為人師，二不開歡迎會，三不登報吹噓。他謝絕俗緣，很少與俗中人來往，尤其不喜與官場人士接觸。

弘一法師在慶福寺閉關靜修期間，有一官員慕名前來拜訪。能與官員結交，應該是一般人求之不得的事情，然而弘一法師卻拒不相見。無奈這位官員深慕法師大名，非見不可，弘一法師的師父寂山法師只好拿著這位官員的名片代為求情。

弘一法師告訴師父，甚至流下了眼淚：「師父慈悲！師父慈悲！弟子出家，非謀衣食，純為了生死大事，拋妻別子，況朋友乎？乞婉言告以抱病不見客也！」

官員無奈，只好怏怏而去。

學佛之人，心要皎潔如明月，淡泊如天空，這樣才能做到無欲無爭。與人與世無爭，才能安心做一個淡泊的人。要想專注於修行，必須先安定心。弘一法師一生研修律宗，最後之所以能成爲一代宗師，與他淡泊名利的性格是分不開的。

佛教告訴我們，只有解脫所有的束縛，掃除所有名利的浮雲，才能自由安心地徜徉在禪的晴朗天空下。

有一位高僧，是一座大寺廟的方丈，因年事已高，便開始在心中思考著找接班人的人選。

一日，他將兩個得意弟子叫到面前，這兩個弟子一個叫慧明，一個叫塵元。

高僧對他們說：「你們倆誰能憑自己的力量，從寺院後面懸崖的下面攀爬上來，誰將是我的接班人。」

慧明和塵元一同來到懸崖下，那真是一面令人望而生畏的懸崖，崖壁極其險峻陡峭。

身體健壯的慧明，信心百倍地開始攀爬。但是不一會兒他就從上面滑了下來。慧明爬起來重新開始，儘管這一次他小心翼翼，但還是從山坡上面滾落到原地。慧明稍事休息後又開始攀爬，儘管摔得鼻青臉腫，他也絕不放棄……讓人感到遺憾的是，慧明屢爬屢摔，最後一次他拚盡全身之力，爬到半山腰時，卻因氣力已盡，又無處歇息，重重地摔到一塊大石頭上，當場昏了過去。高僧不得不讓幾個僧人用繩索，將他救了回去。

接著輪到塵元了，他一開始也是和慧明一樣，竭盡全力地向崖頂攀爬，結果也是屢爬屢摔。塵元緊握繩索站在一塊山石上面，他打算再試一次，但是當他不經意地向下看了一眼以後，突然放下了用來攀上崖頂的繩索。然後他整了整衣衫，拍了拍身上的泥土，扭頭向著山下走去。

旁觀的眾僧都十分不解，難道塵元就這麼輕易地放棄了？大家對此議論紛紛。只有高僧默然無語地看著塵元的去向。

塵元到了山下，沿著一條小溪流順水而上，穿過樹林，越過山谷……最後沒費什麼力氣就到達了崖頂。

當塵元重新站到高僧面前時，眾人還以為高僧會痛罵他貪生怕死，膽小怯弱，甚至會將他逐出寺門。誰知高僧卻微笑著宣佈，塵元將成為新一任住持。

眾僧皆面面相覷，不知所以。

塵元向同修們解釋道：「寺後懸崖乃是人力不能攀登上去的。但是只要於山腰處低頭下看，便可見一條上山之路。師父經常對我們說『明者因境而變，智者隨情而行』，就是教導我們要知伸縮進退的啊。」

高僧滿意地點了點頭說：「若為名利所誘，心中則只有面前的懸崖絕壁。天不設牢，而人自在心中建牢。在名利牢籠之內，徒勞苦爭，輕者苦惱傷心，重者傷身損肢，極重者粉身碎骨。」

高僧後來將衣缽錫杖傳交給了塵元，並語重心長地對大家說：「攀爬懸崖，意在堪驗你們的心境，能不入名利牢籠，心中無礙，順天而行者，便是我中意之人。」

慧忠禪師曾經對他的弟子說：「青藤攀附樹枝，爬上了寒松頂；白雲疏淡潔白，出沒於天空之中。世間萬物本來清閒，只是人們自己在喧鬧忙碌。」來來往往皆爲名利。與人爭，與世爭，爭來爭去，都是在爭奪名利。

只有看淡名利，才能沒有憂愁煩惱，達到更高的精神境界。

6 學會知足，在世無惱也無憂

知足常樂，是人生中一種難能可貴的修爲，它能減少人生中諸多的憂愁煩惱。對於有過多貪欲的人來說，能夠做到知足，實在是難上加難。對於習慣於沉淪生存欲望的人來說，能夠做到知足更不是件容易的事情。

學佛之人提倡知足，而真正修行佛法得道的人，則會珍惜一切。在他們看來，一切都來之不易，都是無數的因緣際會才有的最後結果。他們懂得知足，對眼前的一切都倍加珍惜。

弘一法師一條毛巾用了十八年，破破爛爛的；一件衣服穿了幾載，縫補再縫補。

有人勸他說：「法師，該換新的了。」

弘一法師卻說：「還可以穿用，還可以穿用。」

出外行腳，住在小旅館裏，又髒亂，又窄小，臭蟲又多，有人建議說：「換一間吧！臭蟲那麼多。」

弘一法師如如不動地說：「沒有關係，只有幾隻而已。」

平常吃飯雖只有一碟蘿蔔乾佐菜，弘一法師還是會吃得很高興，有人不忍心地說：「法師！太鹹了吧！」

弘一法師卻知足地說：「鹹有鹹的味道。」

弘一法師那顆容易知足的心，獲得了一般人難以獲得的坦然與寧靜。常懷知足之心，你就能永遠感受到生活的快樂，快樂對人生來說是很重要的。知足就懂得珍惜，珍惜萬事萬物會使心靈得到前所未有的滿足，是一種難能可貴且又能給人帶來幸福的生活態度。人只有在珍惜和知足中才能積累起富裕，生活才能過得安心。人要想過得快樂，就要有一顆懂得知足和珍惜的心。

知足常樂是一種看待事物發展的心情，而不是安於現狀的驕傲自滿。人要會透析自我、定位自我、放鬆自我，這樣才不至於好高騖遠，迷失方向，碌碌無為，心有餘而力不足，弄得自己心力交瘁。

親愛的朋友，如果你早上醒來發現自己還能自由呼吸……

你就比在這個星期中離開人世的人更有福氣。

如果你沒有經歷過戰爭的危險、被囚禁的孤寂、受折磨的痛苦和忍饑挨餓的難受……

你已經好過世界上五億人了。

如果你的冰箱裏有食物，身上有足夠的衣服，有屋棲身……

你已經比世界上百分之七十的人更富足了。

根據聯合國「世界糧食日」資料顯示，全球有三十六個國家目前正陷於糧食危機當中；全球仍有八億人處於饑餓狀態，第三世界的糧食短缺問題尤為嚴重。在發展中國家，有兩成人無法獲得足夠的糧食，而在非洲大陸，有三分之一的兒童長期營養不良。

全球每年有六百萬學齡前兒童因饑餓而夭折！如果你的銀行帳戶有存款，錢包裏有現金，你已經身居於世界上最富有的百分之八之列！

如果你的雙親仍然在世，並且沒有分居或離婚，你已屬於稀少的一群。

如果你能抬起頭，面上帶著笑容，並且內心充滿感恩的心情，你是真的幸福了……

因爲世界上大部分的人都可以這樣做，但是他們卻沒有。

如果你能握著一個人的手，擁抱他，或者在他的肩膀上拍一下，你的確有福氣了……

因爲你所做的，已經等同於佛祖才能做到的。

如果你能讀到這段文字，那麼你更是擁有了雙份的福氣，你比這世界上二十億不能閱讀的人幸福很多，不是嗎？

看到這裏，請你暫且放下書，然後非常認真地對自己說一句話：「哇！原來我是這麼富有的人！」是的，想想這些，你還有什麼不快樂的呢？

做人不可讓貪欲堵塞自己的心智，蒙蔽住自己的眼睛。物欲太強，會讓人的靈魂變壞，變得永不知足，以至精神上永無寧靜，永無快樂。

【第三課】

戒嗔：學會控制自己的脾氣

嗔怒是一劑毒藥
學會忍耐，心自寬
將人間毀譽當做耳畔清風
努力克服自己的情緒
學會修煉「定火功夫」

1 嗔怒是一劑毒藥

弘一法師在《晚清集》中記錄：「嗔恚這害，則破諸善法，壞好名聞，今世後世，人不喜見。」嗔怒心十分可怕，佛教中把「貪、嗔、癡」視爲人生的三大毒藥。嗔，又作嗔怒、嗔恚等，指仇視、怨恨和損害他人的心理，是對於討厭的過分偏執。

有人說，憤怒總是以愚蠢開始，以後悔而告終。佛家亦有云：「怒火燒了功德林。」意思是說，一個人經常發怒，會燒掉自己積累的功德。因爲人一旦發怒，就會思維混亂，失去理智，怒火之下的人會做出愚蠢的事情。

有一個小女孩，她的父親剛剛買了輛新轎車。對於這輛車，她的父親非常珍愛，每次出行回來都會把它洗刷得乾乾淨淨，還要做精心的保養，以保持美觀。

不料有一天，這個小女孩因為年幼不懂事，拿著硬物在新車上刮下了很多的刮痕。當她的父親看到自己的愛車被刮得面目全非時，盛怒之下用鐵絲把小女孩的手綁起來，然後吊著小女孩的手，讓她在車庫前罰站。

四個小時後，這位父親才慢慢平靜下來，這時他想起了被綁起來的女兒，當他匆忙回到車庫時，女兒的手已經被鐵絲勒得血液不通了！

他立馬把女兒送到急診室，可此時為時已晚，小女孩的手已經壞死，醫生說不截去手的話是非常危險的，甚至可能會危害到她的生命。

就這樣，小女孩失去了一雙手，年幼的她甚至不知道發生了什麼。

這位父親的愧疚和懊惱可想而知。

大約半年後，這位父親把轎車送進工廠重新烤漆，車子又像全新的一樣了。

當他把轎車開回家後，小女孩看著完好如新的車，天真地說道：「爸爸，你的車好漂亮，看起來就像是新的一樣。那麼，你什麼時候把手還給我呢？」

不堪愧疚折磨的父親最後終於崩潰，舉槍自殺。

弘一法師常用這句話警醒自己：「嗔，是失佛法之根本；墜惡道之因緣；法樂之冤家；善心之大賊；種種惡口之認藏。」

佛家說，嗔怒是一切逆境上發生的憎恚心，爲惡業的根本。當一個人的嗔怒心來的時候，他的無名怒火就把自己燒得心焦如焚、坐立不安，說出的話，做出的事，不僅傷害了別人，也傷害了自己。

怒氣猶如藏在人體中的一桶烈性炸藥，隨時都可能釀成大禍。它炸掉的既可能是自己的身體，也可能是自己的事業，甚至是自己高貴的生命。憤怒就像決堤的洪水一樣，能淹沒人的理智，讓人做出不可思議的蠢事。

歷史上，怒火燒掉了不少輝煌燦爛的王朝。不管是君王一怒沙場見，還是衝冠一怒爲紅顏，多少人爲此死無葬身之地。

有的人，受了點氣，就氣急惱火，失去理智，其結果往往是糟糕到不可收拾的地步。所以古人才留下了一句三字箴言——「怒思禍」。

一個武士向一位老禪師詢問天堂和地獄的區別。

禪師輕蔑地說：「你不過是個粗鄙的人，我沒時間跟你論道。」

武士惱羞成怒，拔劍大吼：「老頭無理，看我一劍殺死你！」

禪師緩緩道：「這就是地獄。」

武士恍然大悟，心平氣和納劍入鞘，鞠躬感謝禪師的指點。

禪師說：「這就是天堂。」

一念天堂，一念地獄。人一旦有嗔怒之心，天堂也會變成地獄。俗話說「人生不如意事，十之八九」。伴隨而來的常事，便是憤怒——肝火之冒，青筋暴露。既有來自於對事的，又有來自於對人的。然而在更多情況下，憤怒往往是解決不了問題的，反而會讓事情變得更加糟糕。

中醫對於「怒」有著更爲精闢的論述。中醫認爲，怒皆由氣而生，氣和怒是兩個孿生的兄弟。由怒忿不平，而怒火勃發。怒氣會使「血氣耗，肝火旺，怒傷肝」，這些常識早已被人們所熟知。而在現實生活中，還是不乏因生氣、盛怒而身亡的人。

嗔怒是一把雙刃劍，既傷害了別人，也傷害了自己，而往往對自己的傷害更重。所以，做人不要爲嗔怒之火糾纏，要學會寬容和從容。境由心生，唯有心中有愛，心地清涼，才能克制怒從心頭起，惡向膽邊生，才不至於墜入嗔怒之火所造成的人間地獄。

2 學會忍耐，心自寬

佛家認爲「貪、嗔、癡、慢、疑」是五種覆蓋眾生的心識，是不能明瞭正道的煩惱，也被稱爲「五毒」。人一旦有了嗔心，則會失去理智，失去正確的判斷力，此時，「障」就會出現，阻礙人們的修行之路。

弘一法師認爲，「嗔」是要不得的，一旦沾染上就很難根除，不可不畏懼。

《金剛經》告訴我們：「一切法得成於忍。」沒有忍耐，什麼事情都不能成就。

嗔怒是一種情緒化的行爲，在我們常人看來，嗔怒有時無可厚非。當我們的自尊和利益受到損害的時候，自然會去責備別人，甚至出現一些不理智的暴力行爲，這是再正常不過的事情了。愚蠢的人會深陷怒火不能自拔，而聰慧的人則會巧妙地化解怒火，不讓嗔怒之火燒傷自己。

古時有一個婦人，特別喜歡為一些瑣碎的小事生氣。她也知道自己這樣不好，便去求一位高僧為自己說禪論道，開闊心胸。

高僧聽了她的講述，一言不發地把她領到一座禪房中，落鎖而去。

婦人氣得跳腳大罵，只是罵了許久，也不見高僧理會她。

婦人見此方法不行，又開始苦苦哀求，而高僧仍置若罔聞。

婦人終於沉默了，這時高僧來到門外，問她：「你還生氣嗎？」

婦人說：「我只生我自己的氣，我怎麼會到這種地方來受這份罪。」

「連自己都不原諒的人怎麼能心如止水？」高僧拂袖而去。

過了一會兒，高僧又問她：「還生氣嗎？」

「不生氣了。」婦人說。

「為什麼？」

「氣也沒有辦法呀。」

「你的氣並未消逝，還壓在心裏，爆發後將會更加劇烈。」高僧又離開了。

高僧第三次來到門前，婦人告訴他：「我不生氣了，因為不值得氣。」

「還知道值不值得，可見心中還有衡量，還是有氣根。」高僧笑道。

當高僧的身影迎著夕陽立在門外時，婦人問高僧：「大師，什麼是氣？」

高僧將手中的茶水傾灑於地。

婦人視之良久，頓悟，叩謝而去。

有句話說「生氣是用別人的錯誤來懲罰自己」。怒氣可能是因事、因人、因境而生，只要用一顆包容的心去面對世間的一切人和事，那麼生活中就會除去很多煩惱。嗔心一起，殺業即興。嗔心會讓人產生怨恨，怨恨生活中的一切。當嗔怒之心積累到一定程度的時候，心中就會出現惡念。一旦出現嗔怒之心，就要趕緊想辦法去除，而去除「嗔心」最好的辦法就是忍。

佛說：「我不入地獄，誰入地獄。」就算世間萬般苦難都降臨到佛的身上，佛也不會生出「嗔心」，就是因爲佛能「忍」。

釋迦牟尼佛教給我們忍耐。忍耐分爲三大類。

●對人為的加害要能夠忍受

忍人家對你的侮辱、對你的陷害。能忍，絕對有好處。原因何在?因爲能忍，所以心地清淨，容易得定，修道容易成就，乃是最大的福報。

●能忍自然的變化

如冷熱、寒暑的變化，要能夠忍；饑餓、乾渴也要能夠忍；遇到天然的災害，則更要能夠忍。

●對修行的忍耐

佛法的修學也要忍耐。修行要有很大的耐心，沒有耐心不能成就。耐心是佛的一大特徵，不能忍耐就沒有更進一層的境界；耐心也是精進的預備功夫，有耐心才談得上精進。忍辱就是先要基本的忍耐，無論做什麼事情，都要有耐心。

談到忍，中國人什麼都可以忍，甚至連殺頭都可以忍，卻只有對侮辱不忍，因此，當年翻譯經卷的法師，在看到中國人的這一倔強的個性，就將「忍」這一名詞譯作忍辱。辱都能忍，那還有什麼不能忍的呢？所以忍辱是專對中國人倔強的個性而翻譯的，其原來的字義只是「忍耐」，沒有辱的意思。其用意是告訴我們，小事情要有小的耐心，大事情要有大的耐心。

有一位學僧請教禪師說：「我脾氣暴躁、氣短心急，以前參禪時師父曾經屢次批評我，我也知道這是出家人的大忌，很想改掉它。但這是一個人天生的毛病，已成為習氣，根本無法控制，所以始終沒有辦法糾正。請問禪師，您有什麼辦法幫我改正這個缺點嗎？」

禪師非常認真地回答道：「好，把你心急的習氣拿出來，我一定能夠幫你改正。」

學僧不禁失笑，說：「現在我沒有事情，不會心急，但只要一遇到事情，它自然就會跑出來。」

禪師微微一笑，說：「你看，你的心急有時候存在，有時候不存在，這哪裏是習性，更不是天性了。它本來沒有，是你因事情而生，因境而發的。你無法控制自己，還把責任推到父母身上，你不認為自己太不孝了嗎？父母給你的，只有佛心，沒有其他的。」

最後，學僧慚愧而退。

忍辱，就是對治嗔恨之心而言的。《金剛經》說「一切法行成於忍，無忍辱則佈施持戒均不能成就」。佛教認爲「忍耐」與六度的「忍辱」是不同的，忍辱比忍耐的層次更深。

如果不能輕易地忍辱，就先把辱拿回去，慢慢研究研究，看看這個辱到底是個什麼東西。很多時候，在你想研究「辱」的時候，你根本就找不到它了。

很多人對忍辱不屑一顧，一旦遇到挫折和打擊，便會嗔念頓起，怒火中燒。要知道忍辱不是叫你做縮頭烏龜，而是讓你不要因爲外界的變化而內心產生變化。爲此，你需要不斷修煉自己，不斷強大自己的內心，只有當你的內心足夠大，胸懷足夠寬廣的時候，才沒有什麼事情能讓你生氣。不生氣，「辱」又從何來？

所以能夠忍辱的人，是最幸福的人，因爲沒有什麼事情能讓他煩惱，幸福自然相伴左右。

3 將人間毀譽當做耳畔清風

佛家把忍作爲修行必須經歷的過程。一個想修佛的人不但要學會忍，而且還要時時記住忍，把忍作爲磨礪生命的第一要務。弘一法師對忍有自己的見解，他借一首詩表達了其對忍的看法：

度量如海涵春育，持身如玉潔冰清。
襟抱如光風霽月，氣概如東嶽泰山。

弘一法師想要表達的意思是，寬宏大量之忍就是忍常人所不能忍。

俗話說「忍」字頭上一把刀，忍就像拿刀割自己的心一樣，是很痛苦的事情。但是人類爲了生存必須學會忍，忍是人類適應自然選擇和社會競爭的方式。一時不能忍，鑄成大錯，不僅傷人，而且害己，此爲匹夫之勇。

弘一法師說：「己性不可任，當用逆法制之，其道在一『忍』字。」

在有的人眼中，忍常常被視爲可欺。我們中國人認爲忍是一種修養，是一種美德。忍能夠磨煉人的意志，使人處事沉穩，面臨厄運仍能泰然自若，面對毀譽仍能不卑不亢。

月船禪師是一位繪畫的高手，可是他每次作畫前，購買者必須先行付款，否則決不動筆。對於他的這種作風，社會人士頗有微詞。

有一天，一位女士請月船禪師幫她作一幅畫。

月船禪師問：「你能付多少酬勞？」

那女子回答道：「你要多少就付多少！但我要你到我家去當眾揮毫。」

月船禪師允諾跟著前去，原來那女子家中正在宴客，月船禪師以上好的毛筆為她作畫，畫成之後，拿了酬勞正想離開。

那女士就對宴桌上的客人說道：「這位畫家只知要錢，他的畫雖畫得很好，但心地骯髒；金錢污染了它的善美。出於這種污穢心靈的作品是不宜掛在客廳的，它只能裝飾我的一條裙子。」

說著便將自己穿的一條裙子脫下，要月船禪師在它後面作畫。

月船禪師問道：「你出多少錢？」

女士答道：「哦，隨便你要多少。」

月船禪師開了一個特別昂貴的價格，然後依照那位女士的要求畫了一幅畫，畫畢立即離開。

很多人懷疑，為什麼只要有錢就好？受到任何侮辱都無所謂的月船禪師，心裏是何想法？

原來，在月船禪師居住的地方經常發生災荒，富人不肯出錢救助窮人，因此他建了一座倉庫，貯存稻穀以供賑濟之需。又因他的師父生前發願建寺一座，但不幸其志未成而身先亡，月船禪師要完成其志願。

當月船禪師完成其願望後，立即拋棄畫筆，退隱山林，從此不復再畫。

月船禪師最後只說了這樣的話：「畫虎畫皮難畫骨，畫人畫面難畫心。」錢，是醜陋的；心，是清淨的。

忍是一種無畏的力量，水知道忍，因此流水的力量最大，洪水氾濫，沖壩決堤，水滴石穿，磨圓石稜……

忍是事業成功的奠基石。「吃得苦中苦，方爲人上人」，忍能讓你超越平庸，讓你平凡的人生閃爍光彩。只要你真有能耐，能默默忍耐這一切，不向命運低頭，終有一天，命運是會向你低頭的。

忍，不要用力，用力去忍的忍，是不長久的忍。有力者，「先忍之於口」，不在語言上和人計較；「再忍之於面」，臉上沒有不悅的表情；「後忍之於心」，以慈悲心、平等心包容怨恨與差別。

忍是人的一種意志，也是人的一種品質，它反映的是人的修養。一個有修養的人，必定具備忍耐的意志和品質。

有人把忍分爲三個層次：

一叫**外忍**。爲生計忍受，乃至適應諸多環境因素，但不能爲外在環境所同化；

二叫**內忍**。對自身產生的貪、忿、癡等，能自省、自重、自制，獨善其身；

三叫**忍無可忍**。即是將「忍」作爲人生的常態，悟得真諦，識得真相，把握主動，隨遇而安，得之淡然，失之泰然。此可謂「忍」的最高境界。

忍辱者能增長其力，養成平等互融之心境。

淨空法師亦言：「忍辱，不但是要忍受別人給予的辱，同時更要忍自己遭遇的境，要於窮困痛苦的逆境中，忍頹喪卑賤之念不生；於富貴順利的佳境中，忍驕矜沉迷之念不生；於不順不逆、萬法生滅的常境中，忍隨俗浮沉之念不生。」

如果人能把外界的閒言碎語當作耳畔清風，由它來去，我自巋然不動，就會除卻很多煩惱，擁有一個清靜的人生。

4 努力克服自己的情緒

弘一法師說：「有才而性緩，定屬大才；有智而氣和，斯爲大智。」意思是說，大才、大智，不是只看本領，還要看性情，即控制情緒的能力。否則，不能冠之以「大」。弘一法師出家後，之所以能成爲一代宗師，與他良好的情緒控制能力是分不開的。

弘一法師一向爲人平和，在出家之前，他就能很好地控制自己的情緒。很多老師都爲學生上課不守紀律而頭痛，因爲不能很好地控制情緒，他們甚至爲此對學生惡語相向。弘一法師在教音樂課時也遇到過這種情況。

有的學生上課時會有出格之舉。比如上音樂課時，或是不好好唱歌而去幹別的事情，又或是吐痰在地板上。這些學生以為弘一法師看不見他們的行為，其實弘一法師什麼都知道，只是沒有立刻責備他們。

一直等到下課後，弘一法師才會用很輕而嚴肅的聲音鄭重地說：「某某，等一等出去。」待到別的同學都出去了，教室裏就他們師生二人在時，他又用輕而嚴肅的聲音向這位同學和氣地說：「下次上課時不要幹別的事情。」或者：「下次吐痰不要吐在地板上。」說完之後，他還會微微一鞠躬，表示「你出去吧」。

被教育的學生大都臉上發紅，但他們無一不是心悅誠服。

弘一法師不是沒有情緒，只是他能很好地控制自己的不良情緒，並且用另一種方法表達了自己的情緒。從而達到了「隨風潛入夜，潤物細無聲」的教書育人目的。

醫學心理學並不鼓勵人們不加克制地任憑情緒反應發展，也不認爲「壓抑」是適當的方法，但卻贊同對於情緒作用有適當的控制。這裏的控制，並非完全禁抑情緒的作用，而是要使情緒有適當的表現。

許多人在心情不愉快時，會使自己陷入一種含有敵意的沉默當中。實際上，如果能把這種不快適宜地表達出來，便會感到某種真正的輕鬆和愉快。由於人們不可能完全避開苦惱，所以，學會把不愉快的情緒適當表達出來，對人的身體和精神上的健康都是很重要的。

潮起潮落，冬去春來，夏末秋至，日出日落，月圓月缺，雁來雁往，花開花落，草長鶯飛，萬物都在循環往復的變化中。人也一樣，情緒也時好時壞。但人是理性動物，應該要學會控制自己的情緒。

古今中外，因不能克服自己的情緒，從而釀成悲劇的事情太多太多。要學會努力克服自己的情緒，做情緒的主人，不要做情緒的奴隸。

生活中，我們總能聽到這種抱怨：「煩死了，這過的叫什麼日子啊！」卻很少聽過有人說：「啊，我真幸福！」境由心生，我們有什麼樣的情緒，就有什麼樣的心境；有什麼樣的心境，就有什麼樣的行爲。當我們不能控制自己的情緒時，我們便成爲情緒的受害者。

如果我們陷入焦慮之中，就去看看是否是因爲面臨的不確定性在增加，且事情超出了自己的能力；如果有了猜忌心，那麼就去反思一下，是自己的自尊心太強，還是感覺到了不被信任。

在克服自己的情緒時，要不斷地調整自己，使自己擺脫消極情緒的控制，這樣就有力量來面對不如意的現實。當感到自己情緒消沉或者沮喪的時候，可以用轉移注意力的方法改變它，比如出去散散步，聽聽音樂，打打球，或是逛逛商店；也可以向知心的朋友傾訴一下。

有一句話說得好：「播種一個信念，收穫一個行動；播種一個行動，收穫一種習慣；播種一種習慣，收穫一種性格；播種一種性格，收穫一種命運。」播種一種什麼樣的情緒，就將會收穫什麼樣的人生。我們如果能克服自己的情緒，就能贏得好人緣，贏得成功的人生。

5 學會修煉「定火功夫」

弘一法師在《格言別錄》中記錄：「呂新吾云：『心平氣和四字，非有涵養者不能做，功夫只在定火。』」

看一個人是不是有涵養，就看他遇事是不是心平氣和。如果一個人沒有「定火功夫」，遇到雞毛蒜皮的事情就亂發脾氣，那麼他不可能是一個有涵養的人。這是弘一法師給我們推薦的簡易識人法，同時也是他為人處世的座右銘。「定火功夫」也是一種修養，修養的過程就是戰勝自我的過程。

在日常生活中我們常常會遇到很多情緒激動的人，他們可能心眼不壞，但就是沉不住氣，遇事就發火，這種性格其實非常惹人討厭。

喜怒哀樂，屬人之常情，誰都會有，但是動不動發火，就會破壞內心的和諧。因此，控制好自己的情緒，修煉一下「定火功夫」是我們每個人都必須的。

有一次，正值下課期間，一個平時很頑皮的學生在教室裏喊道：「李叔同在哪兒？」在當時的社會環境下，學生直呼老師的姓名是一種很不禮貌的行為，是要受到處分的。儘管這可能是哪個學生因為一時興起、圖個好玩而已。

那個頑皮的學生並不知道，此刻，李叔同就在隔壁教室。聽到學生的呼喊，李叔同便起身推開門，面向學生，溫和地問了聲：「什麼事？」語氣裏沒有絲毫的不滿。

結果，那個學生被嚇得無言以對，頓時跑得無影無蹤了。事後，李叔同並沒有把這件事放在心上，就跟沒有發生過一樣，此後也沒有再提起。

有人說，人生最大的敵人就是自己。我們能戰勝強大的敵人，但不一定能戰勝我們自己。只有戰勝自己內心的狂躁，控制好自己的情緒，打敗自己心中那股「無名業火」，我們才能行走於世間，且立於不敗之地。在這一點上，弘一法師給我們做出了很好的榜樣。

謹慎堅守善良的本性，則心靈安定；能控制自己的情緒，則心平氣和。「情緒」是人與生俱來的，在每個人身上都會有所體現。不能控制自己情緒的人，不管做什麼事情，精力都不能集中，不能真正地靜下心來思考問題。做事也是知難而退、半途而廢，自然也不會取得什麼成就。

在日常工作、生活的待人接物中，我們常常會受到情緒的影響，頭腦一發熱，什麼話都說得出口，什麼蠢事都做得出來。可能因爲一言不和，便與人大打出手，甚至拚上性命；又可能因爲別人給的一點假仁假義，而心腸頓軟，大犯錯誤。這種因情緒的浮躁、不理智而犯的過錯不勝枚舉，大則失國失天下，小則誤人誤己誤事。事後冷靜下來，自己也會意識到自己做錯了，但那時爲時已晚。

要想把握自己，必須控制住自己的各種情緒。如果你能控制自己的情緒，那麼你的一生將會受益無窮。

三國時，諸葛亮和司馬懿在祁山交戰，諸葛亮千里征戰，一心想要速戰速決。

司馬懿採取以逸待勞、堅壁不出的策略，空耗諸葛亮士氣，然後伺機求勝。

諸葛亮面對司馬懿的閉門不戰，無計可施，最後想出一招，送一套女裝給司馬懿，以羞辱他乃小女子也。

司馬懿並沒有因此勃然大怒，他甚至落落大方地接受了女兒裝，但依舊堅壁不出。就是足智多謀的諸葛亮對他也是無計可施。

只有控制好自己的情緒，才不至於在做決策時受情感的支配，以致釀下大錯。人不可能永遠處在好情緒之中，生活中既然有挫折、有煩惱，就會有情緒。這時不妨停下來，放鬆身心，通過不斷地修煉，控制好自己的情緒，做自己情緒的主人。

【第四課】

戒癡：世事多紛擾，看淡心自安

不為空無的事情擔憂

人生的意義不在於佔有，而在於體驗

世事無常，何必執著

在人生路上，輕裝前行

不求完美，有缺憾才真實

1 不為空無的事情擔憂

弘一法師的一生頗具傳奇色彩，他做過很多事情，並且幾乎是做什麼都成功，都精彩。這份成功與他「活在當下」的人生哲學是分不開的。夏丏尊先生曾經將弘一法師做人的特點評價爲「做一樣，像一樣」。

少年時做公子，像個翩翩公子；中年時做名士，像個風流名士；演話劇，像個演員；學油畫，像個美術家；學鋼琴，像個音樂家；辦報刊，像個編者；當教員，像個老師；做和尚，像個高僧。弘一法師何以能夠做一樣像一樣呢？就是因爲他做一切事都「認真地，嚴肅地，獻身地」做的緣故。

石屋禪師說：「過去事已過去了，未來不必預思量。只今便道即今句，梅子熟時梔子香。」

昨天、今天、明天，這三者關係看起來密切，都需要我們關心。但仔細想想，這種關心是毫無意義的。昨天，已成爲往事，成爲歷史，不管你是快樂還是憂傷，它都已成爲過去，所以不要爲昨天的事犯愁；明天，還沒有來到，是未來，未來會發生什麼事，我們誰也不知道，所以不要爲明天的事煩擾；今天，就在眼前，是我們擁有的，抓住眼前的分分秒秒，盡自己最大的努力做好自己的事情，這樣才活得真實，活得輕鬆，活得幸福。

「天下本無事，庸人自擾之」。庸人是什麼？是迷惑，是顛倒，是自生煩惱。古人說：「知事多時煩惱多。」這是告訴我們別多事，多事會使你心不清淨，讓你丟掉了清淨心。對於一些我們不知道的事情，不瞭解的事情，空無的事情，我們無謂地去擔心，去憂慮，不是在自尋煩惱嗎？

現實生活中，很多人無法專注於「當下」，專注於「眼前」。他們總是在思考離自己很遙遠的事情，甚至是與自己無關的事情，從而白白耗費自己的精力。他們對眼前的事情毫不爲意，卻對未來的事情念念不忘。未來是個未知數，只有做好了眼前，我們未來的一些想法才可能實現。如果一味地只考慮未來，那就成了空中樓閣，永遠也不會快樂，永遠有煩惱。

靈佑禪師住持溈山後，收了兩位高徒，即仰山與香嚴。

在禪堂內，靈佑禪師對他倆說：「無論是在過去、現在和將來，佛理都是一樣的，每個人都可以找到解脫之道。」

仰山問：「什麼是人人解脫之道？」

靈佑禪師回頭看看香嚴說：「寂子提問，你為什麼不回答他？」

香嚴說：「如果說過去、現在和將來，我倒是有個說法。」

仰山問：「你有個什麼說法？」

香嚴打了一聲招呼就走出去了。

靈佑禪師又問仰山：「他這樣回答，合你的意嗎？」

仰山回答：「不合。」

靈佑禪師又問：「那你的意思是什麼？」

仰山也告別一聲就出去了。

靈佑禪師呵呵大笑，歎道：「真是水乳交融啊！」

佛家認為人生無常，事事無常，有太多的事情是我們不能把握、不能預料的。過去的已經過去了，未來的還沒有來到，還不屬於我們，我們能做到的唯有把握當下。

過去，已成水中月，鏡裏花，抓不住，撈不出。未來，尚是蛋中鵝，能否變鵝，何時變鵝，我們對此一無所知。只有現在，可看可感、可抓可握，具具體體、實實在在。

當下，即是現實生活。或許充滿荊棘，或許遍佈鮮花；或笑談，或泣訴；或沉海底，或浮天空。但無論如何，都在當下，都屬於此刻的我們。人生不是徘徊，不是等待，人生最美的時候就是現在。

日本有位禪師叫親鸞，他的出家故事也相當傳奇。

年方九歲的親鸞請求慈鎮禪師為他剃度。

禪師問：「你這麼小的年紀，為何出家？」

親鸞答：「年雖九歲，父母雙亡。我不知人為何會亡，不知父母為何非得離開我，我要出家探究這些道理。」

禪師一聽，心裏暗中高興，認為此櫝可教，將來必成法門龍象。

禪師說：「今天已遲，明日再給你剃度吧。」

諸位，你想親鸞會是如何回答？

親鸞又道：「師父，我比較年幼無知，難保出家決心會延持到明天，而且你畢竟年高體衰，也難保你明早就能活著起床，還是現在當下剃度吧。」

禪師一聽，擊掌叫好：「對，現在當下就剃度！」

過去，過去的過去，由過去當下組成。未來，未來的未來，亦由現在的當下而去。好好地把握現在，活在當下，活好當下。很多生活的煩惱、不幸福，就是不能活在當下，總是爲過去、未來的事情煩惱。

佛教有句話說：「過去的過去，未來的未來，現在的現在。」過去的已經過去，未來的還沒有來到，都是空無的事情，爲這些事情煩惱、擔憂都是不明智的。

活在當下，幸福不在遠方。所以，不要爲逝去的「過往」而後悔，也不要爲未知的「將來」而擔心，應該聰明地把握「現在」。把握現在，珍惜所有，活在當下就是人生最大的幸福！

2 人生的意義不在於佔有，而在於體驗

弘一法師一生所追求的不是佔有，而是不斷地體驗。爲了求證生命，弘一法師放棄一切名利，甚至連妻兒也不要了，在虎跑寺斷食、剃度，出家做了和尚。弘一法師後來又在玉泉寺住了一陣。之後，便去了泉州。最後成爲南派律宗的一代宗師。

弘一法師在音樂、美術、書法、話劇、文學、教育、篆刻等領域都有很深的造詣。他的一生都在不斷的體驗中度過，幾乎做一樣，像一樣。

人的一生存在無限種可能，也有無限種美好，但這些需要我們用心地去體驗。如果我們一心只想去佔有什麼，只想著讓名利充滿自己的心間，就會生出無限的煩惱與憂愁，如此一來，又怎麼體驗生命的美好。

人的一生會有許多追求，在追求過程中，我們會在不知不覺中擁有很多。有的東西是我們必需的，有些東西則完全用不著。那些無用的東西，反而會成爲我們前進的負擔，讓我們在追求的時候，忽略了人生的意義，錯過了生命的美好。

一日，有個叫玄機的和尚對自己的苦心修行非常不滿，心道：

「我整日打坐，是逃避嗎？打坐，就是為了心無雜念，如果靠打坐才能達到這樣的效果，打坐和吸食鴉片有什麼兩樣呢？」

他眼神中充滿了迷惘，目光漸漸黯淡了。然後他起身去拜見雪峰禪師，希望能從他那裏得到答案。

雪峰禪師看著眼前的這個人，覺得他雖然有向佛之心，但是本性中有許多缺點不自然地表露了出來，於是點點頭，問道：「你從哪裏來？」

玄機和尚道：「大日山。」

雪峰微笑，話裏暗藏機鋒：「太陽出來了沒有？」意思是問他是否悟到了什麼禪理。

玄機以為雪峰是在試探他，心想：要是連這個我都答不上來的話，這幾年學禪，豈不是白白浪費時間了嗎？

玄機和尚於是便揚著眉毛說：「太陽出來了，雪峰豈不是要融化？」

雪峰歎息著又問：「您的法號？」

「玄機。」

雪峰心想：這個和尚太傲了，心裏裝的東西也太多了，且提醒一下吧！

於是問道：「一天能織布多少？」

「寸絲不掛！」

玄機心想：就憑這個也想考住我玄機和尚，真是太小瞧我了！

雪峰看他這樣固執，不由得感歎道：「我用機鋒來提醒他，他卻和我爭辯口舌，自以為是，卻不知心中已經藏了多少名利的蛛絲！」

玄機看雪峰無話可說，便起身準備離去，臉上還是一副得意的神態。他剛轉過身去，雪峰禪師就在身後叫道：「你的袈裟拖地了。」

玄機不由自主地回過頭來，見袈裟好好地披在身上。

只見雪峰哈哈大笑道：「好一個寸絲不掛。」

佔有的太多，就會被物欲遮蔽了雙眼；總是在名利的圈子裏打轉，心中便會生出更多的雜念。人的生命是有限的，佔有得再多，將來也帶不走一絲一毫。生命是一個過程，而每個人的生命只有一次，何不減少一些物欲，靜下心來，體驗生命的美好。

有人活著爲了追求欲望的滿足，放不下、捨不得，因此錯解了生命的意義，到頭來依舊是一場空，不管人在這一生中，得到什麼，或失去了什麼，都是一些帶不走的塵沙，唯一獲得的就是在生命的過程裏，體驗生命的智慧。

生活的意義在於自我的成長，生命的價值在於與他人分享。生活是個人的成長，生命是個人與群體、與歷史關係的互動。個人的成長，在於安身立命、培養人格、奠定自己立身處世的道德規範；生命的分享，在於社會責任和歷史責任的承擔與延伸。因此，生活的規範有限，生命的價值無限。

3 世事無常，何必執著

弘一法師推崇「自處超然，處人藹然。無事澄然，有事斬然。得意淡然，失意泰然」。這實際上也是在推崇一切順其自然，不執著，不強求。有的人會對人和事百般強求，非要滿足自己不可，而結果卻未必能如己所願。

佛教中有一個名詞，叫「世事無常」。人世中一切事，一切物都在不斷變幻，沒有一刻停留。萬物有生有滅，不會為何人何事停滯不前。禪宗裏有一句話「萬物唯心造」。

弘一法師認為這個世界無善無惡、無愛無憎，不存在一切束縛，所以他能來去自由，灑脫輕鬆。

《金剛經》中說：「一切有為法，如夢幻泡影；如露亦如電，應作如是觀……夢者是妄身。幻者是妄念。泡者是煩惱。影者是業障……」人之所以有太多的煩惱，就是因為太執著。人心如執著於世間萬物，就會有千種折騰、萬般煩惱；人心如能順其自然，人生就處處自由、時時灑脫。

大和尚與小和尚二人結伴下山，到集市上購買寺院一周必需的糧食。去集市的路有兩條，一條是遠路，需繞過一座大山，蹚過一條小溪，來回近一天的路程；一條是近路，只需沿山路下得山來，再過一條大河即可，不過河上有一座年久失修的獨木橋，搞不好哪天就會橋斷人翻。

大和尚和小和尚自然走的是近路，畢竟遠路太遠，一天一來回，既費時又費力。他們輕鬆地下得山來，正準備過橋時，細心的大和尚發現獨木橋的前端有一絲斷裂的痕跡。

他趕緊拉住低頭一路前行的小和尚：「慢點，這橋恐怕沒法過了，今天我們得回頭繞遠路了。」

小和尚經大和尚的提醒，也看到了橋上的斷痕，但他卻說：「回頭？我們都走到這兒了，還能回頭麼？過了橋可就是鎮上了，回頭繞遠路那還得有多遠啊？我們還是繼續趕路吧，橋或許還能撐得住。」

大和尚知道小和尚性格倔強，見他執意要過橋，便不再言語，只是搶道走到了小和尚的前面，並隨手撿了塊石頭。只聽到「砰」的一聲，腐朽老化的獨木橋應聲而落，掉落在三四丈下湍急的河流中。偌大的獨木橋竟經不起大和尚手中小石塊的輕輕一敲！小和尚驚得半天說不出話來，既慶幸自己還沒來得及踏上危橋，又為自己的魯莽倔強和固執而感到羞愧。

在回頭的路上，小和尚感激而又疑惑地對大和尚說：

「師兄，剛才幸虧你的投石問路，要不然，我可要葬身魚腹了。你說，我當時怎麼就那麼傻呢？滿腦子想的都是回頭太難，過了橋便是鎮上了，絕不能回頭。壓根兒就沒想過橋萬一真垮了該怎麼辦。」

大和尚不無深意地說：「只要懂得放棄，其實回頭並不難。」

一位弟子問佛陀：「請問世尊，您能否用一句話來概括您一生中所有的教化？」佛陀說：「可以，我所有的教化用一句話概括，就是『一切都不可執著』。」

所謂執著即愚癡，無理的固執自己的見解或習性，使自己無法變通，無法客觀和虛心地接受各種知識，自然就無法提升自己的境界。

自然界中有些動物非某種食物不吃，例如蠶非桑葉不吃，熊貓非箭竹不吃，結果嚴重地影響了自己生存和發展的機會。佛在菩提樹下悟道時，說了一句令人深省的話：「一切眾生皆有如來佛性，只因妄想執著不能證得正果。」由此可知，妄想及執著是妨礙。

做事不可執著一念，應靈活處置，否則必傷害身心，於人於己都不利。譬如下棋，輸贏之爭本為遊戲，若為一局輸贏爭得面紅耳赤，吵得不可開交，恐怕就偏離了遊戲的真諦。

其實回頭不難，只要懂得放棄。人生的很多時候又何嘗不是如此呢？該放棄的時候不放棄，繼續下去可能遭遇更可怕的後果，身心的負擔都只會越來越沉重。

不要去強求你得不到的東西，在生活中太執著反而會增添煩惱。有執著，就會有痛苦；只有放棄執著，才能活得輕鬆自在。世事無常，何必執著於自己的一己之念呢？

4 在人生路上，輕裝前行

弘一法師出家前，有著令人羨慕的社會地位和大好前途。然而為了探知人生的究竟、登上靈魂生活的層樓，他離別妻子骨肉，把財產子孫都做身外物，輕輕放下，輕裝前行。這是一種氣魄，是一種常人難以理解的境界。

人生旅途，漫漫無期，面對至遠的目標，必須放下沉重的負擔，輕裝前行。人生路上，放下是個選擇題，要記得某些東西，就要選擇放下某些東西。

在情感上，要放下自己的怨恨和嫉妒，記得為善與豁達；在為人處世上，要放下你對別人的恩惠，記得別人對你的幫助……不懂得放下的人，往往在人生路上寸步難行。

每一個人的心都是自由的，如果你感歎心太累，那麼一定是你自己鎖住了自己。很多東西都是人人想要的，為此，世事紛爭，你恨我怨，但是多少人真的能如願以償？何不開釋自己的心靈，做到無私無欲，不妄求，不貪戀，不慌亂，不躁進，一切順其自然。

人生要懂得及時放下，我們的心裝不了多少東西，我們的生活也承受不了多大的重量，背得越重只能陷得越深，唯有輕裝上陣方可行得更遠。

人生的一切煩惱，皆因在生活中沒有學會放下，使身心都背負著沉重包袱，從而讓生活變得越來越累，越來越辛苦。「智者無爲，愚人自縛」，人們通常喜歡給自己的心靈套上枷鎖，給精神添加壓力。所以說，「放下」，不僅是一種解脫的心態，更是一種清醒的智慧。

有一次，住在湖南的石頭希遷禪師問一位新來參學的學僧道：「你從什麼地方來？」

學僧：「從江西來。」

希遷：「那你見過馬大師（馬祖道一禪師）嗎？」

學僧：「見過。」

石頭禪師隨意用手指著一堆木柴問道：「馬祖禪師像一堆木柴嗎？」

學僧無言以對，因為在石頭禪師處，無法契入，學僧便回到江西拜見馬祖道一禪師，並述其事，馬祖道一禪師聽完後，安詳地一笑。

馬祖問學僧道：「你看那一堆木柴大約有多少重？」

學僧：「我沒仔細量過。」

馬祖：「你的力量實在太大了。」

學僧：「為什麼呢？」

馬祖：「你從南嶽那麼遠的地方，負了一堆柴來，豈不有力？」

佛說：「苦海無邊，回頭是岸。放下屠刀，立地成佛。」可惜有的人卻有太多的東西放不下，如身外之物，百思不得其解的問題，對往事的懊悔，對未來的擔憂……只因放不下，所以有煩惱；只因放不下，所以身心疲憊。我們有時候感覺人生太累，就是因爲我們背負了太多的東西。只有把太多「放不下」的東西「放下」，才能在人生道路上輕裝前行。

在工作上，要放下成績，記得自己的缺點和不足；在生活上，要放下金錢的欲望，記得勤儉和樸素；生活中，交際中，職場中，創業中……人們都渴望成功，而面對成功，出現最多的選擇題就是放下。

花開花謝是正常現象。花開的一縷清香，不要讓它在心中遊蕩飄揚；花謝的一滴淚，不要讓它在心中留下痕跡。萬物只是空，名與利，是與非，得與失，公平與不公，熙熙攘攘的浮塵俗世，我們又何必去取來背負，徒增心中萬般的煩惱。

在人生的道路上，我們只有放下沉重的欲望，放下過度的需求，放下不必要的執著，才能體會到人生的真諦。放下，是一種心態的選擇；放下，是一門心靈的學問；放下，是一種生活的智慧。

有一首哲理詩寫得好：

愈放下愈快樂，
放下焦慮，讓心靈呼吸清新空氣。
放下纏繞在心頭的煩惱事，

遠離名利的烈焰，讓生命逍遙自由。

打開抱怨的心靈枷鎖，

放下浮躁的心，人生靜如禪。

……

放棄，是修身養性的最高境界。

「放下」是一種覺悟，更是一種自由，

放下一切，才能重新開始。

一念放下，萬般自在，

心裏放下，方為真放下。

5 不求完美，有缺憾才真實

弘一法師曾摘錄過一句話：「物忌全勝，事忌全美，人忌全盛。」弘一法師要表達的意思是，事物忌諱達到極點，事情避免極其完美，人忌諱極度得意。中國有句老話說「月盈則虧，水滿則溢」，事物一旦達到它的頂點，就會走向反面。完美是好事，但是一定要把握好度，因為「過猶不及」。

弘一法師的人生在有的人眼裏可謂圓滿，他出生於富貴之家，精通多種藝術，年輕時是翩翩風流公子，不知道有多少人對他羨慕至極。而他卻在壯年之時，毅然決定出家，讓很多人大為驚訝。

弘一法師在一次演講中說：「再過一個多月，我的年紀要到六十了。我出家以來，既然是無慚無愧，埋頭造惡，所以到現在所做的事，大半支離破碎，不能圓滿，這個也是分所當然……」由此可見，在他眼裏，自己的生活依然不「圓滿」。

在這大千世界中，沒有什麼事情是完美的，因此要正確看待自己的不完美，也不要過度追求完美。張愛玲是民國大才女，她曾說自己人生中有三大憾事：一恨鰣魚刺多，二恨海棠無香，三恨《紅樓夢》未完。而早在幾千年前的宋朝，蘇東坡先生也曾希望「鱸魚無骨海棠香」。然而美好的東西，偏偏都不完美。

人生確實有許多不完美之處，每個人都會有這樣那樣的缺憾，真正完美的人是不存在的，即使是中國古代的四大美人，也有各自的不足之處。歷史記載，西施腳大，王昭君雙肩仄削，貂蟬的耳垂太小，楊貴妃還患有狐臭。

俗話說：「人無完人，金無足赤。」世界並不完美，人生當有不足。完美只在人們的想像中，在人們的追求中。完美的事物是不存在的，過度追求完美，反而會離完美更遠。

佛教中的「娑婆世界」，翻譯成中文，就是這個世界能容下你的許多缺陷。世界有缺陷，人生也有缺陷，只因有缺陷，才是真實的世界，才是真實的人生。世界上根本就沒有絕對完美的事物，完美本身就意味著缺陷。

蘇東坡說：「人有悲歡離合，月有陰晴圓缺，此事古難全。」

法國詩人博納富瓦也說：「生活中無完美，也不需要完美。」他們所說的，就是人生時時刻刻都有缺陷的意思。

釋迦牟尼說過：「琴弦太鬆，無法發出美妙的聲音，琴弦太緊，則會弦斷音絕。同樣，修行時，如果心裏鬆弛，就無法摒除雜念，但若心裏過於緊張，將無法接受教誨。所以，凡事都要有個度，避免走向極端，否則只會讓自己品嘗到痛苦的果實。」

有些人以爲自己是在追求完美，其實他們才是最可憐的人，因爲他們是在追求不完美中的完美，而這種完美，根本不存在。

有一位科學家，他娶了世界上最漂亮的女人為妻，但是他的妻子有一個小小的缺點，就是，耳朵下面有一個小胎記。

然而科學家對妻子這個與生俱來的胎記始終耿耿於懷。他發誓要研製出來一種藥，能為他的妻子消除胎記，讓他的妻子成為世界上最漂亮、最完美的女人。

科學家整日把自己關在實驗室裏不停地做實驗。幾年時間過去了，經過科學家的反覆實驗，他終於把這種藥研製出來了。

這天，科學家非常高興，他迫不及待地拿著藥讓他的妻子喝。妻子喝下他研製的藥後，胎記果然消失了。然而他的妻子也正因為喝了這種藥，不久便香消玉殞，與世長辭了。

世界上沒有完美的事，也沒有完美的人。當我們抱怨自己的人生不完美的時候，不妨想想這些傑出的人物：科學家霍金是個坐在輪椅上的重度殘疾人，音樂家貝多芬聽不到自己創作的音樂，海倫•凱勒既瞎又聾……上天給他們一副有缺陷的身體，但是他們依舊不屈服於命運，做出了偉大的成就。

正因爲人生不完美，所以我們才會有所追求，在追求的過程中，體會到人生的快樂。如果人生太完美，我們就會覺得索然無味，這樣的生活還有勁嗎？心理學家說「不圓滿即好」。人要正視自己的不圓滿，不要過度追求圓滿。

【第五課】

放下：活在當下，順其自然

放下的越多，擁有的就越多
命裏有時終須有，命裏無時莫強求
不要把執著變成固執
高處的蘋果搆不著，就去摘搆得著的
任何多餘的都是負擔

1 放下的越多，擁有的就越多

弘一法師出家後曾說：「不可閒談，不晤客人，不通信。凡一切事，盡可俟出關後再料理也，時機難得，光陰可貴，念之念之！」放下閒談，放下見客，放下與人通信，用留下的時間來靜心修煉、研究佛法，正是通過這種「放下」，弘一法師最後才因此取得了佛學上的大成就，成爲一代宗師。

人生的道路上，很多人都會有貪得無厭的心態，俗話說：「欲壑難填。」自古以來，人們都有著對金錢、美女、權力等一切美好事物的嚮往，它猶如滔滔江水，在人們內心深處澎湃。因爲有喜貪的毛病，才使得追求太多，反而失去太多。只有學會放下，你才能夠騰出手來得到自己真正想要的東西。

佛教中所說的「放下」，不是說什麼都不要，而是說究竟要什麼，要多少，這才是最重要的。正如利奧•羅斯頓說的：「你的身軀很龐大，但是你的生命需要的僅僅是一顆心臟。多餘的脂肪會壓迫人的心臟，多餘的財富會拖累人的心靈，多餘的追逐、多餘的幻想只會增加一個人生命的負擔。」人生苦短，只有學會放下，才能享受真正的人生快樂。

一個和尚，身著破衣芒鞋，雲遊四方，立志要當一名得道高僧。他去化緣的時候，身上總是會背著一個口袋，因此人們稱他為「布袋和尚」。

別人以為他的這個布袋裏面放的是他用的、吃的，所以一見布袋癟了就一直不停地供養。後來，和尚嫌一個布袋不夠，就背了兩個布袋出門化緣。

有一天，和尚像往常一樣外出化緣，化得了兩大袋滿滿的食物。在回去的路上，因為布袋太重，就在路旁歇息打盹。

茫然中，他仿若聽到有人對他說：「左邊布袋，右邊布袋，放下布袋，何其自在。」他猛然驚醒，細心一想：我左邊背一個布袋，右邊背一個布袋，這麼多東西縛住自己，壓得我喘不過氣來，為什麼不放下呢？如果能夠全部放下，不是很輕鬆、很自在嗎？

於是，他丟掉了兩個布袋，幡然頓悟，就此得道。

對於放下，很多人有不同的看法。其實，放下是一種智慧的選擇，處事時，該放就放，該斷就斷，不要因小失大。放下是一種隨其自然的心態，人生總是在取捨之間，面對不同的選擇，應該學會放下，學會滿足，這是智者的心態，是成功的階梯。人只有放下生活中不必要的東西，才能邁出瀟脫的一步，活出自我的風采。

人生的諸多煩惱，追根溯源就是沒有在生活中學會放下，有時即便明白了煩惱的根源所在，卻還是不能或不肯放下。如此一來，身心必定背負沉重的包袱，而為了這些包袱，就必須付出異常的心血和精力，於是原本可以輕鬆前行的腳步開始變得蹣跚，生活也在重壓之下變得越來越辛苦，越來越累。

當我們面對生活的壓力，需要解脫的時候，不妨學會「放下」。許由不接受堯的禪位，跑到淇水邊洗耳朵，是放下；屈原遺世獨立，「眾人皆醉我獨醒」，披髮行吟，投身汨羅江，是放下；范蠡功成身退，隱姓埋名，攜帶西施，泛舟太湖，是放下；陶淵明不為「五斗米折腰」，解甲歸田，「采菊東籬下，悠然見南山」，是放下；弘一法師從貴冑公子到雲水高僧，棄絕繁華，拋妻別子，從此，青燈黃卷，是放下……

人說：「我想忘記。」

佛說：「忘記並不等於從未存在，一切自在來源於選擇，而不是刻意。不如放手，放下的越多，擁有的越多。」

佛問：「你忘記了嗎？」

人回答說沒有。

佛說：「你心裏有塵。」

人拍拍手，抖抖衣服，對著鏡子整整衣冠。

佛說：「心裏的塵是抖不掉的。」

人茫然四顧，一片迷茫。

佛說：「心裏的塵只能用心，才能消除。」

於是人用力地擦拭。

佛說：「你錯了，塵是擦不掉的。」

人於是將心剝了下來。

佛又說：「你又錯了，塵本非塵，何來有塵。」

人不悟。

佛說：「菩提本非樹，明鏡亦非台。本來無一物，何處染塵埃。」

人仍不悟。

佛說：「悟有兩種：頓悟和漸悟。頓悟時，靈性閃爍的一剎那，猶如霹靂驚醒了沉睡的大力神，劈開了混沌。抓住火花的瞬間，才能看見自己內心的那一汪清泉。」

佛說：「你有太多的私心雜念。」

人低頭向地，抬頭向佛，躬身自省。

佛說：「私心雜念是去不掉的。」

人一頭霧水，仍然不能理解。

佛說：「你的意志不夠堅強，心志不能專一，生活沒有目標，總是任由時光過盡，最後卻一無所成。」

人捫心自問，不禁冷汗滿身。

人問佛：「我該怎麼辦？」

佛說：「放下了，就擁有了。」

人接著又問佛：「放下是什麼？」

佛說：「我要你放下的是你的心與念想，當你把這些統統放下，再沒什麼了，你才能從桎梏中解脫出來。」

人終於明白了「放下」的道理。

「放下了，就擁有了。」放下的越多，擁有的就越多。只有放下了，心才能豁達起來；只有放下了，才能擁有真正的自我。工作上，把名利放下了，就可以按照自我固有的想法、方式去把事情做好；生活上，把一些不愉快的記憶放下了，才能過得更好。放下了，就可以無憂無慮、勇往直前。所以，放下了，就擁有了。

我們該把沉重的包袱放下；把拿不起的東西放下；把不該拿的東西放下。放下了，心更寬了、更廣了、更高了；放下了，才是真正的擁有。

擁有和放下就是此消彼長的關係。擁有了快樂，就放下了痛苦；擁有了誠實，就放下了虛僞；擁有了健康，就放下了病痛；擁有了感情，就放下了冷漠；擁有了愛，就放下了恨；擁有了踏實，就放下了浮躁；擁有了寧靜，就放下了喧囂。能擁有多少，取決於你能放下多少，不管你曾經擁有過多少東西，只要懂得了放下，擁有再多也不會覺得多。

2 命裏有時終須有，命裏無時莫強求

佛法中提倡「一切隨緣，順其自然」。世間萬事萬物都有自身規律的存在，水在流淌時不能選擇方向，日月星辰都有自己的軌道，這一切都是順其自然的道理。弘一法師出家後，便養成了隨遇而安的習慣，不駐任何寺廟，不當任何住持。他曾說：「我至貴地，可謂奇巧因緣。本擬住半月返廈。因變住此，得與諸君相晤，甚可喜。」

不因爲自己做的事情好而得意，也不因爲自己失去了什麼而痛苦，這就是我們所說的「不以物喜，不以己悲」。它是一種思想境界，是古代修身的要求，即無論外界或自我有何種起伏喜悲，都要保持一種豁達淡然的心態。

唐朝藥山禪師投石頭禪師門下而悟道。他得道之後，門下有兩個弟子，一個叫雲岩，一個叫道吾。

有一天，師徒三人坐在郊外參禪，看到山上有一棵樹長得很茂盛，綠蔭如蓋，而另一棵樹卻枯死了，於是藥山禪師觀機施教，想試探兩位弟子的功行。

藥山禪師先問道吾說：「榮的好呢？還是枯的好？」

道吾說：「榮的好！」

他再問雲岩，雲岩卻回答說：「枯的好！」

此時正好來了一位俗姓高的沙彌，藥山禪師就問他：「樹是榮的好呢？還是枯的好？」

沙彌說：「榮的任他榮，枯的任他枯。」

藥山禪師和兩位弟子沉吟良久，似有悟道。

順其自然，不必刻意強求。自然的循環是有規律的，花的一開一落，草的一榮一枯，都有其天然的規律，故意去破壞，就是反其道而行。順其自然就是不怨懟、不躁進、不進度、不強求。

生活中，有許多東西是可遇而不可求的，有時候能有某種體驗就已足夠。徐志摩說：「得之我幸，不得我命，得失隨緣最好。」這也是人生應該追求的生活態度，不屬於你的，可能永遠也不會屬於你。

老子說：「人法地，地法天，天法道，道法自然。」世界上最大的法則是自然法則，人的法則其實是最小的。所以，順其自然才是人類的生存之道。人生在世，美貌、權力、財富、名譽都不過是過眼雲煙，人應該學會順其自然地活著。越是刻意追求，反而會被其所累，迷失了自己。

3 不要把執著變成固執

弘一法師出家修行選擇的是律宗，因爲律宗嚴於律己，所以很多人都不理解他的選擇。其實，弘一法師的選擇與他的一段生活經歷有關。

弘一法師當年決定出家的時候，他的一位朋友曾寫信勸他說：「聽到你不要做人，要做僧去……」這句話傷害了弘一法師。他說：「出家人何以不是人？爲什麼被人輕慢到這地步？我們都得自己反省一下。我想這原因是由於出家人太隨便的緣故，才鬧出這樣的笑話來。至於爲什麼會隨便？那就是不能深信善惡因果報應和諸佛菩薩靈感的道理的緣故。倘若我們能夠真正深信——十分堅定的信，我想就是把你腦袋砍掉，也不肯隨便了。」這就是弘一法師選擇律宗的原因，與執著無關，只是想糾正佛教中的不良風氣。

執著有時也是好事，因爲它能讓人克服困境，使生命超越自我，甚至超越前人的高度。但如果選擇錯了方向，無異於南轅北轍，越努力與目標越遠。

馬祖道一在衡山懷讓禪師那裏參學時，很勤奮地盤腿坐禪。

有次懷讓禪師問他：「你坐禪是為了什麼？」
馬祖道一說：「坐禪是為了成佛。」
懷讓禪師於是拿了一塊磚頭在庵石上磨。
馬祖道一問：「您磨磚頭幹什麼呢？」
懷讓禪師說：「把它磨成鏡子。」
馬祖道一說：「磚塊怎麼能磨成鏡子呢？」
懷讓禪師說：「磚塊既然磨不成鏡子，坐禪怎麼能成佛呢？」
馬祖道一說：「那麼怎麼樣才對呢？」
懷讓禪師說：「就好比駕一輛牛車，車子走不動了，是用鞭子打車對、還是打牛對呢？你是學禪，還是學坐佛？如果學禪，禪並不在於坐臥的形式。如果是學坐佛，佛性無所不在，佛並沒有固定的形相。在絕對的禪宗大法上，對於變化不定的事物不應該有執著的取捨，如果你學坐佛，就是扼殺了佛，如果你執著於坐相，就是背道而行。所以，坐禪不可能悟道成佛。」
馬祖道一聽了恍然大悟。

煩惱皆因太執著，要想好好生活，就必須學會正確取捨。成功需要執著，但也不能太過執著，過於執著，就是「固執」。一旦執著變成固執，你便會喪失許多機會，自然也會失去很多。生命有限，應該好好把握，凡事不要太執著。

當你選定了自己的目標以後，就要執著地努力走下去，如果在努力走下去的過程中發現這條路走不通，則要毫不猶豫地掉轉頭來，另選道路和目標，否則，你的執著就變成了固執。固執會讓人受苦，會讓你的付出一無所獲，還會讓你失去很多。要想成功就要有執著的精神！而不是固執！

兩隻比鄰而居的青蛙，一隻住在深水池裏，不容易被人瞧見；另一隻住在溝裏，溝裏的水很少，並且旁邊有一條馬路。

住在池裏的青蛙，警告住在溝裏的朋友要注意路邊的車子，甚至請他搬過來和自己同住，說自己的住處比較安全，也容易找到豐富的食物。但住在溝裏的青蛙拒絕了，他說他已習慣了這個地方，搬家會讓他覺得很困難。

幾天之後，一輛笨重的馬車在經過那淺水溝時，將那隻青蛙壓死在輪下。

執著是一種良好的品性，然而在有些事情上，執著一旦成了固執，則會導致失誤，甚至會害了自己。

人們在做事情和處理問題時需要執著決心和勇氣，但切忌將「執著」與「固執」劃等號。固執是非理性的，而執著則是經過理性的分析之後才做出的決斷。

太過執著，對人對事對己，都沒有好處。不要把執著變成愚昧的固執，那種固執會讓你失去很多。

4 高處的蘋果搆不著，就去摘搆得著的

弘一法師摘錄過這樣一句話：「盡前行者地步窄，向後看者眼界寬。」一些事情，我們換個思路，可能是另一個天地。人不能太執著，當一條路走不通時，我們可以回過頭，找另一條路。辨我們能辦到的事情，不要追求得太高太遠，高處的蘋果搆不著，就去摘搆得著的。

拿破崙說：「不想當將軍的士兵不是好士兵！」多少年來，他的這句名言影響了無數人，也成就了許多人。

爲了成功，即使付出再大的代價，人們也在所不惜。然而誰都無法否認，成功的人都是努力的，但努力的人並不一定成功。想成爲李嘉誠無疑是好事，然而想成爲李嘉誠絕不等於能成爲李嘉誠！更何況更多的時候，人們總是把遠大理想和欲望膨脹混爲一談。尤其是在如今這個更民主，更自由，充滿了更多機遇的時代，面對滿樹的紅蘋果，沒有人不躍躍欲試，沒有人不想把它們一一收入囊中。隨之而來的，自然是或欣喜，或抱怨，或抑鬱，或失常，或崩潰……所以哲人告訴我們：只摘搆得著的蘋果。

德國柏林愛樂樂團素有「世界第一交響樂團」之美譽。能夠成為柏林愛樂樂團的首席指揮，是每個指揮家的最高夢想。

然而在一九九二年，當柏林愛樂樂團邀請英國著名指揮家西蒙・拉特爾擔任樂團首席指揮時，拉特爾卻出人意料地拒絕了。

他說：「柏林愛樂樂團以演奏古典音樂聞名於世，但我對古典音樂的理解還不夠透徹，如果我擔任首席指揮，恐怕非但不能帶領樂團邁上一個新臺階，反而會起到負面作用。機會雖然好，但是我沒有能力去把握，還是放棄為好。」

不過，這絕不意味著拉特爾不想擔任樂團首席指揮一職。在謝絕邀請後，他十年如一日地不懈努力，直到他對古典音樂的透徹理解震撼了世人，直到他對古典音樂的精湛指揮一次又一次令聽眾傾倒，直到二〇〇二年柏林愛樂樂團再次向他拋出了橄欖枝。

這一次，拉特爾沒有絲毫猶豫，當即接受了邀請。因為他知道，現在的他已經具備了擔任首席指揮的實力。事實證明，正因為拉特爾的加盟，柏林愛樂樂團才能繼續創造演奏史上一個又一個奇蹟。

只有暫時放棄，才能超脫自己，給自己激勵，騰出空間和時間去學習其他更多、更好的東西，最終取得更大的成功。所以，當我們還沒有實力去採摘那些高處的蘋果時，無論你多麼希望得到它，多麼需要得到它，只要客觀條件不成熟，那麼就必須暫時放棄。

去摘那些搆得著的蘋果，生活才不會頻頻讓人失望。更何況那些現在不能摘到的蘋果，並非就永遠不屬於我們。在你的努力之下，當達到一定條件的時候，你自然會摘到更高處的蘋果。

有的人在摘不到高處的蘋果時會抱怨，然而抱怨只會把問題帶向更加複雜的一面，給我們帶來諸多嚴重影響。

試圖通過抱怨別人或抱怨環境得到他人的認可，其實是最不明智的做法。也許有的環境確實不太適合你，與其抱怨，還不如選擇離開。一旦你選擇留下，就應該爲它而努力。唯有高度的敬業和忠誠，才有可能改變環境和他人對你的看法，實現企業和個人的雙贏。否則，即便是自己創業，這種惡習也會給你帶來各種不利影響，甚至直接從根本上使得你與成功無緣。

5 任何多餘的都是負擔

在人生的長河裏，每個人都在不停地跋涉，若想到達目的地，就不能攜帶太多的行李。生命之舟載不動太多的物欲和虛榮，任何多餘的都是負擔。其實，生命本身才是我們最大的財富，任何土地或錢財都不能與這個無價之寶相比。如果丟掉過多的物欲和虛榮，只帶最需要的出發，你會發現，心情越來越輕鬆，一個個目的地也變成了最短、最快樂的旅程。

弘一法師說：「學一分退讓，討一分便宜。增加一分享用，減一分福澤。」

弘一法師一生爲了擺脫過多的負擔，一生不求名利。別人寫文章讚揚他的師德，他對此進行斥責；別人供養的眾多錢財，他也都用在了弘揚佛法或救濟災難等事上。

沒有多餘的東西，就減少了負擔，就會輕鬆自在。隨遇而安，就能自得其樂，能放下多餘的不需要的東西，就是解脫。人其實不需要複雜的思想，只需要具備簡單的智慧，簡單才能快樂。簡單思想，簡單生活，人生道路就遠離了痛苦與憂傷。

有時候，我們認爲我們需要某些東西，千辛萬苦地得到之後，卻發現這件東西並不能給我們的生活帶來輕鬆和愉快，甚至可能給我們帶來更多的負擔，讓我們身心疲憊。與其爲其所累，還不如痛下決心，果斷擺脫它。

無論是物質上的或是精神上的，大家都想要超過本身需要的東西。實際上，對於健康的生命而言，任何多餘的東西都是一種負擔。

利奧・羅斯頓是美國最胖的好萊塢影星，他腰圍六點二英尺，體重三百八十五磅。

一九三六年，利奧・羅斯頓在英國演出時，因心肌衰竭被送進湯普森急救中心。搶救人員用了最好的藥，動用了最先進的設備，仍沒能挽回他的生命。

臨終前，利奧・羅斯頓曾絕望地喃喃自語：「你的身軀很龐大，但你的生命需要的僅僅是一顆心臟。」

「你的身軀很龐大，但你的生命需要的僅僅是一顆心臟」！這句話應該引起每個人的深思。對健康的生命而言，任何多餘的東西都是負擔。這難道不值得那些整日爲了身外之物奔波忙碌，而置健康於不顧的人們思索嗎？

每一個人所擁有的財物，無論是房子、車、錢……無論是有形的，還是無形的，沒有一樣是屬於你自己的。那些東西不過是暫時寄託於你，有的讓你暫時使用，有的讓你暫時保管，到了最後，物歸何主，都未可知。所以智者把這些財富統統視爲身外之物。

即使擁有整個世界，一天也只能吃三餐，一次也只能睡一張床。世界上美好的東西實在數不過來，我們總是希望得到盡可能多的東西。其實得到太多，反而會成爲負擔。還有什麼比擁有淡泊的心胸，更能讓自己充實滿足呢？

欲望越小，人生就越幸福。

【第六課】

靜心：生活中自有菩提

像佛一樣靜心習勞

平和由心而生

讓人勞累的是心頭的重負?

不是生活太艱難，是你的腳步不從容

靜心思考才能得智慧

心有掛礙不如定心明志

1 像佛一樣靜心習勞

弘一法師說：「敬守此心，則心定。斂抑其氣，則氣平。」謹慎堅守善良的本性，則心靈安定。收斂抑制心氣，則心氣平和。

弘一法師說的「心氣」，對人的修養非常重要。在修養身心上，最忌諱的就是不能靜心，佛家講「空」，儒家講「靜」，道家講「清靜無爲」，其實都是一個意思，就是讓人心境平和，讓心底清靜。

弘一法師出家後，爲了靜心修行，謝絕一切會客和應酬。每日靜下心來，精研佛法，才最終成爲一代宗師，爲世人所敬仰。佛門修行講究靜心，釋迦牟尼當年在菩提樹下，擺脫一切干擾，把自己的心沉靜下來，終於悟道。

一個人如果心浮氣躁，做什麼事都精力渙散，不能真正靜下心來思考問題，是難以取得什麼成就的。不能靜下心做事，其危害會非常大，所以弘一法師勸誡世人，不管做什麼事都不可浮躁，不然的話，只能自食其果。

有一個師父，在徒弟第一天進門時，必安排其做一項例行功課——掃地。

過了些時辰，徒弟來稟報，地掃好了。

師父問：「掃乾淨了？」

徒弟回答：「掃乾淨了。」

師父不放心，再問：「真的掃乾淨了？」

徒弟想了想，肯定地回答：「真的掃乾淨了。」

這時，師父會沉下臉，說：「好了，你可以回家了。」

徒弟很奇怪，心想：怎麼才剛來就讓我回家？不收我了？

師父擺擺手，說明他真的不收了。

徒弟只好走人，但依舊不明白師父為何不去查驗查驗，就不要自己了？

原來，這位師父事先悄悄在屋子的犄角旮旯處丟下了幾枚銅板，看徒弟能不能在掃地時發現，大凡那些心煩氣躁，偷奸耍滑的後生，都只會做做表面文章，才不會認認真真地去打掃那些犄角旮旯處的。因此，也不會撿到銅板交給師父的。

師父正是這樣「看破」了徒弟，或者說，看出了徒弟的「破綻」……

如果他藏匿了銅板不交給師父，那「破綻」就更大了。

不能靜下心來認真做事，失去的不僅僅是一種認真的態度，而且也是一個與成功結緣的機會。所以，改掉浮躁的毛病，人生才能煥發出炫目的光彩。

靜心是一種精神境界，是一種認真做事的態度。任憑外界如何紛擾，攘攘熙熙，我自不卑不亢，泰然處之，做我該做的事，這樣的人生何其從容瀟灑！

能以平靜的心態做人。「不以物喜，不以己悲」，不爲外物所動，不僅能成就自己的人生觀，還能收穫無盡的幸福和快樂。

在現代生活中，忙亂的應該是身體和頭腦，心永遠不可以迷失。一個人的欲望太多，內心就不能平靜下來。弘一法師曾說：「行少欲者，心則坦然，無所憂畏，觸事有餘，常無不足。」「世間煩惱都是由念而生，放下欲念是一種內心境界。若放不下，便飽受煩惱折磨，放得下內心才能坦然寧靜。」

他勸誡世人：「人生在世都希望有幸福快樂的生活，然而幸福快樂由哪裏來呢？絕不是由修福而來，今天的富貴人或高官厚祿者，他們日日營求，一天到晚愁眉苦臉，並不快樂。無憂無慮，沒有牽掛，所謂心安理得，道理明白，事實真相清楚，心就安了。」

佛家修行也講究「習勞」，「習」是練習，「勞」是勞動。

弘一法師曾說：「人，上有兩手，下有兩腳，這原爲勞動而生。若不將他運用於習勞，不但空有兩手兩腳，就是對於身體也一定有害無益。若常常勞動，身體必定康健。勞動原是人類本分上的事，我們出家人同樣要練習勞動，即使到了佛的地位，也是要常常勞動才行。」

有一次，佛的一個弟子生了病，沒有人照應。

佛就問他說：「你生了病，為什麼沒人照應你？」

那弟子說：「從前人家有病，我不曾發心去照應他；現在我有病，所以人家也不來照應我了。」

佛聽了這話，就說：「人家不來照應你，就由我來照應你吧！」

於是，佛就將他的衣物洗濯得乾乾淨淨，並且還將他的床鋪也理得整整齊齊，然後再扶他上床。

佛不像現在有的人，什麼事都要人家替他做，自己坐著享福。

弘一法師說：「凡事全在自己去做，若能有高尚的志向，就沒有做不到的。」弘一法師出家後，生活得異常清苦，經常粗茶淡飯，有時甚至食不果腹，但是他從來沒有因此而隨意地麻煩別人。

作爲一個正常人，只要有自食其力的能力，就不要想過依賴別人的生活。一旦養成好吃懶做的惡習，就將失去自我，在被動中過一生。凡事全在自己去做，不依不靠，自立自強是打開成功之門的鑰匙，也是力量的源泉。

2 平和由心而生

「心氣平和」，說起來是一件簡單的事情，做起來卻不是那麼容易。弘一法師能做自己內心的主人，做自己情緒的主人，不會因爲自己的情緒低落而讓周圍的人受到傷害。然而一般人的喜怒哀樂總是受到外界事物的影響，不能把握自己的內心，情緒不穩定，忽好忽壞。只有保持內心的平和寧靜，在看待外物時才不會有那麼多的苦惱。如果內心亂了，看待外物時也就無法保持平靜了。

有一個學僧到法堂請示禪師道：「禪師！我常常打坐，時時念經，早起早睡，心無雜念，自忖在您座下沒有一個人比我更用功了，為什麼就是無法開悟？」

禪師拿了一個葫蘆、一把粗鹽，交給學僧道：「你去將葫蘆裝滿水，再把鹽倒進去，使它立刻溶化，你就會開悟了！」

學僧遵示照辦，沒過多久，他就跑回來說道：「葫蘆口太小，我把鹽塊裝進去，它不化；伸進筷子，又攪不動，我還是無法開悟。」

禪師拿起葫蘆倒掉了一些水，只搖了幾下，鹽塊就溶化了。

禪師慈祥地說道：「一天到晚用功，不留一些平和心，就如同裝滿水的葫蘆，搖不動，攪不得，如何化鹽，又如何開悟？」

學僧又問：「難道不用功可以開悟嗎？」

禪師說：「修行如彈琴，弦太緊會斷，弦太鬆彈不出聲音，中道平和心才是悟道之本。」

學僧終於領悟。

生命就是這樣，你刻意追求的東西往往終生得不到，而你無心的期待往往會在淡泊平和中不期而至。人生在世，誰都會遇到許多不盡如人意的煩惱事，關鍵是你要以一份平和的心態去面對這一切。我們不可能像佛家高僧那樣進入一種心外無物的高超境界，但我們至少還可以努力做到臨危不懼，寵辱不驚，不以物喜，不以己悲。成功時，我們不要得意忘形；失敗時，我們也不要灰心氣餒，以一顆平和心坦然處之。

在這個繁華的世界，人的心似乎越來越浮躁，人們越來越不甘心平庸，面對這太多的誘惑，每個人都蠢蠢欲動。但是，人們在拚命追逐金錢、名利的同時會失去更加寶貴的東西，那就是平和的心態。擁有一顆平和心，笑對一切，時時調養心情，保持最佳心態，讓快樂時時陪伴我們。

3 讓人勞累的是心頭的重負？

弘一法師摘錄過兩句話：「不爲外物所動之謂靜，不爲外物所實之謂虛。」不愛外物的誘惑內心就清靜，不因外物而悲喜就是胸懷寬廣。內心清靜的人，才不會爲外物所動，自然心頭也不會有負擔，這樣才活得輕鬆自在。

弘一法師酷愛蓮花，他對蓮花有高度的評價：「只緣塵世愛清姿，蓮座現身月上時。菩薩盡多真面目，凡間能有幾人知？」因爲蓮花出淤泥而不染，他希望世人都有一顆蓮花一般純潔的、無塵污染的心，驅除利欲，進行自我解脫。

一般人很難做到一心一用，他們在利害得失中穿梭，囿於浮華、寵辱，產生了種種思量和千般妄想。他們在生命的表層停留不前，因而迷失了自己。一個人只有心無雜念，將功名利祿看穿，將勝負成敗看透，將毀譽得失看破，才能在任何場合放鬆自然，保持最佳的心理狀態，充分發揮自己的水準，施展自己的才學，從中實現完滿的「自我」。

很多縈繞心頭的煩惱，不是因爲它本身有多麻煩，而是因爲我們總把它放在心裏。

弘一法師說：「世間煩惱都是由念而生，放下欲念是一種內心境界。若放不下便飽受煩惱折磨，放得下內心才能坦然寧靜。」

佛說：「放下才能得解脫。」困擾我們的是我們的心靈，而不是當下的生活。如果能以一顆平常心去對待生活中的一切，就會祛除心中的雜念，享受一種超然的人生。

心中有太多的雜念，就會生出太多的憂愁煩惱，成爲自己的精神負擔。如果精神負擔太重，就會累得一生直不起腰來。

只有把心理負擔卸下來，才能找到真正的快樂和心靈的家園。

有一位老和尚，自出家以來，嚴守戒律，整日提心吊膽，唯恐違犯戒律，死後墜入地獄。

一天晚上，老和尚從外面趕回寺院，為了抄近道，就走過一片茄子地。老和尚走著走著，腳下似乎踩到一樣東西，並發出「咕」的一聲響。由於天黑，老和尚也沒細看就回去了。

回去後，老和尚覺得自己踩死的是一隻蛤蟆，肚子裏還有很多卵。他後悔不已，一晚上沒睡好覺。那隻被踩死的蛤蟆不時地出現在眼前，還帶著數百隻小蛤蟆向他索命。

第二天，老和尚趕忙跑到茄子地去查看，沒有發現蛤蟆的屍體，只看到一隻被踩破的茄子。

老和尚感慨萬分，說道：「夢是一個謊，本是心頭想，蛤蟆來索命，踩爛茄子響。」

一個人心理負擔過重，就會生出千種折騰、萬般煩惱。只有去除心中的雜念，心靈才能自由。有人說人生累，其實是心累。心累是因爲人有太多的欲望，太多的雜念。使我們勞累的不是工作，而是心頭的負擔。

在現實生活中，我們想要的東西太多，而我們心頭的負擔也太重，這樣就給自己增添了莫名的煩惱。在人生路上，負累的東西越少，走得越快，越能儘早接觸到生命的真意。

4 不是生活太艱難，是你的腳步不從容

「應事接物，常覺得心中有從容閒暇時，才見涵養。」這是弘一法師編訂的《格言別錄》中的一句話。這也是弘一法師的真實寫照，他的一生處事接物時總能保持一份淡定從容，常令周圍的人爲之嘆服。

從容，是因爲內心鎭靜而沉著地面對人生，哲人說：「從容，是一種聰明的糊塗。」從容不僅僅是一種性格，它更是一種品質、一種風範、一種氣度、一種成熟、一種素質。從容地面對人生，有了一份坦然；從容地面對生活，有了一份淡定。

人生在世，如果計較的東西太多，名利地位、金錢美色，樣樣都不肯放手，那就會如牛負重，活得很累。只計較對自己最重要的東西，並且知道什麼年齡該計較什麼，不該計較什麼，有取有捨，收放自如。

弘一法師的家庭環境十分優越。他的父親去世時，甚至連直隸總督李鴻章都來操辦喪禮。當他留日歸來後，家道中落，經濟條件一落千丈，富貴日子一去

不返。但他依然能從容度日，靠工作養活家人，還時時擠出一部分錢接濟貧困學生。他真正做到了隨遇而安，心態之好讓人佩服。

弘一法師出家後，僧衣、鋪蓋都很寒簡。一次，弘一法師應邀去青島湛山寺宣揚佛法。有一位高僧看到他衣著極為普通，覺得有作秀之嫌。

一天，他悄悄去法師房間查探，結果發現，弘一法師的房內異常樸素，床上是破舊的衣服和被褥，桌上只有幾部經書，毛筆已經用禿了。

富日子有富日子的過法，窮日子有窮日子的過法。弘一法師真正做到了隨緣、隨心，從容淡定，不因爲家庭的變故而心態不平衡，而將自我投入當下的生活。心在蓮池，縱使有風吹過，也不會驚起漣波。

唯有從容，在苦難來臨時，方能處驚不變，鎭定自若，不怨天尤人，並且勇於承接，敢於擔當，不迴避，不妥協，盡可能以自己的智慧、力量和才識走出困境。在挫折面前，不苟求自己，不難爲自己。

從容是人生主體的自我解放，是由必然王國向自由王國的不斷邁進。「從容不迫」，從容，是鎭靜自若，安之若素，穩如泰山。不迫，即沉著，冷靜，不慌亂，不急躁，不屈不就。這是一種久經歷練的心理素質和精神境界。

從容之人，爲人做事不急不慢、不躁不亂、不慌不忙、井然有序。面對外界環境的各種變化不惱不怒、不驚不懼、不暴不棄。雖遭挫折而不沮喪，雖遇成功而不狂喜。

佛教說：「道即是平常心。持平常心處於世，永立於不敗之地。順其自然，即可得靜，寧靜而致遠。」平常心即是從容，從容是一種人生修煉，也是一種力量，一種智慧。

從容是一種心境，不僅是對待周圍的環境要做到「不以物喜，不以己悲」，對待周圍的人和事更要做到「寵辱不驚，去留無意」。這樣才能讓我們的生活，有一份平靜和諧。

蘇東坡在江北瓜州任職時，與一江之隔的金山寺住持佛印禪師是至交，兩個人經常談禪論道。

一日，蘇東坡自覺修持有得，即撰詩一首：「稽首天中天，毫光照大千。八風吹不動，端坐紫金蓮。」詩成後遣書童過江，送給佛印禪師品賞。

禪師看後，拿筆批了兩個字，即叫書童帶回。

蘇東坡以為禪師一定是對自己的禪境大加讚賞，急忙打開，不料上面竟寫了兩個字：「放屁。」這下蘇東坡真是又驚又怒，即刻乘船過江找佛印理論。

船至金山寺停下，只見禪師早已在江邊等候。

蘇東坡一見佛印立即怒氣沖沖地說：「佛印，我們是至交道友，你即使不認同我的修行、我的詩，也不能罵人啊！」

禪師大笑說：「咦，你不是說『八風吹不動』嗎，怎麼一個屁字，就讓你過江來了？」

蘇東坡聽後恍然而悟，慚愧不已。

從容是藏在我們靈魂深處的一種美德。「行到水盡處，坐看雲起時。」人生，需要一顆安靜的心，一份淡然的超越，一份從容和淡定。人能達到從容的境界不易，若想做到事事處處時時從容，需要有大氣派、大智慧、高境界。

5 靜心思考才能得智慧

弘一法師曾說：「盛喜中，勿許人物。盛怒中，勿答人書。喜時之言，多失信。怒時之言，多失體。」「意粗，性躁，一事無成。心平，氣和，行祥駢集。」這幾句話是叫人不要隨意動怒或高興，否則容易壞事。只有靜下心來多思多想，才能做事得體，凡事周到。

從前，有個人很笨，所以他一直都很窮，可是他的運氣還不錯。在一次下雨的時候，有一堵圍牆被雨沖倒了，他居然從倒了的牆裏挖出了一罈金子，因此他一夜暴富。可是他依然很笨，他也知道自己的缺點，於是就向一位老人訴苦，希望老人能為他指點迷津。

老人說：「你有錢，別人有智慧，你何不用你的錢去買別人的智慧呢？」

於是，這個愚人來到了城裏，見到一位智者，就問道：「你能把你的智慧賣給我嗎？」

智者答道：「我的智慧很貴，一句話一百兩銀子。」

那個愚人說：「只要能買到智慧，多少錢我都願意出！」

於是那個智者對他說道：「遇到困難不要急著處理，三思而後行，你就能得到智慧了。」

「智慧這麼簡單嗎？」那人聽了將信將疑，生怕智者騙他的錢。

智者從他的眼中看出了他的心思，於是對他說：「你先回去吧，如果覺得我的智慧不值這些錢，那你就不要來了，如果覺得值，就回來給我送錢！」

當夜回家，在昏暗中，他發現妻子居然和另外一個人睡在炕上，頓時怒從心生，拿起菜刀準備將那個人殺掉。

突然，他想到白天買來的智慧，於是來回踱步思量如何用智慧解決這個難題。正走著時，那個與他的妻子同眠者驚醒過來，問道：「兒啊，你在幹什麼呢？深更半夜的！」

愚人聽出是自己的母親，心裏暗驚：「若不是白天我買來的智慧，今天就錯殺母親了！」

第二天，他早早地就出門給那個智者送銀子去了。

許多表像其實都具有迷惑性。我們在拿不定主意的時候，不妨冷靜下來，理清頭緒，也許答案就會隨之產生，難題也可以迎刃而解了。

學會靜心，這樣才能看見事物背後的真相。緊張時靜心，你會擁有一份從容和鎮定；憤怒時靜心，你便能和風細雨地化解矛盾；疲憊時靜心，你會更有信心地走好後面的路。

得意時，不要過分忘形，靜心，你會發現這點成功實在是微不足道；失意時，不要盲目悲觀，靜心，你會發現自己其實有很多優點；痛苦時，不要借酒消愁，靜心，你會發現看淡一點，快樂其實離你並不遙遠；絕望時，不要意氣用事，靜心，你會發現生活的另一面正陽光燦爛、繁花似錦……

來去匆匆的人生旅途中，停住腳步，靜心，是件幸運的事。整理一下自己的心情，校定方向，再從容起程，或許能走出一個嶄新的自我。

心裏平靜、安定的人，能有效地運用他的智慧，去解決生活的問題，因爲靜心給智慧提供了孕育的空間。靜心是指自己不被外界的刺激所誘惑，不被自己的貪婪、嗔怒、愚癡、傲慢和疑心所牽動，維持醒覺的狀態，看清一切，打開智慧之窗，綻放覺醒的光芒。

當一個人放不下心中的執著與雜念時，就會心浮氣躁，就很難對周圍的事情作出一個正確的判斷，也不能冷靜理智地思考對策。這樣的人更應該學會靜心，因爲靜心能產生智慧，一個人在最寧靜時刻的思維，必定是他靈魂昇華之後的智慧結晶。

靜心不僅是一種修養，更是一種智慧。事情當前，臨危不亂，自能產生出無限的智慧，化解困難。心浮氣躁之人，非但不能解決問題，反而誤事。

6 心有掛礙不如定心明志

弘一法師決定出家後，把他的幾個學生叫到房間裏，對他們說：「我已經辭去教職，就要離開這裏了。我的一些東西大都已分散了，收藏的印章，全部贈送西泠印社；油畫作品，寄贈北京國立美專學校。這幾件東西，就留給你們做個紀念吧。」弘一法師說完，就把他的一些東西分贈給幾個學生。

夏丏尊對此事感慨不已，他說：「藝術本是他的生命，現在，他居然毫無留戀地全拋棄了！出家是絕無回頭的餘地了！」

弘一法師毅然決然地出家，拋卻紅塵中的一切，做到無牽無掛，一心一意修行，這才終成一代宗師。一個人要想做成一件事情，只有不受外界干擾，全力以赴，才能成功。

白雲守端禪師在方會禪師門下參禪，幾年來都無法開悟，方會禪師憐念他遲遲找不到入手處。一天，方會禪師借著機會，在禪寺前的廣場上和白雲守端禪師閒談。

方會禪師問：「你還記得你的師父是怎麼開悟的嗎？」

白雲守端禪師回答：「我的師父是因為有一天跌了一跤才開悟的，悟道以後，他說了一首偈語：『我有明珠一顆，久被塵勞封鎖。今朝塵盡光生，照破山河萬朵。』」

方會禪師聽完以後，大笑幾聲，逕自而去，留下白雲守端禪師愣在當場，心想：難道我說錯了嗎？為什麼禪師嘲笑我呢？白雲守端始禪師終放不下方會禪師的笑聲。幾日來，他飯也無心吃，就是在睡夢中也常會無端驚醒。白雲守端始禪師實在忍受不住，就前往請求方會禪師明示。

方會禪師聽他訴說了幾日來的苦惱，意味深長地說：「你看過廟前那些表演猴把戲的小丑嗎？小丑使出渾身解數，只是為了博取觀眾一笑。我那天對你一笑，你不但不喜歡，反而不思茶飯，夢寐難安。像你對外境這麼認真的人，連一個表演猴把戲的小丑都不如，又如何能參透無心無相的禪呢？」

在生活中，有的人太敏感，別人的一句話，一個眼神，都會干擾他的情緒，影響他的心情，進而影響他的工作。諸葛亮說：「非淡泊無以明志，非寧靜無以致遠。」只有心底清靜，不受外界環境干擾，心無掛礙，才能堅定自己的志向。

心中沒有掛礙，便不會有煩惱。有掛礙就是有執著，有執著的人就有煩惱。人們在做事情時，總是會抱著一定的目的，這也是一種掛礙。一旦有了掛礙，內心便不能清靜，就會落入迷惑之中。

心中有掛礙，就是心中有太多的貪念，對一切戀戀不捨，放不下，因此心中就會生出萬般煩惱。要做到心中無掛礙並非不易之事，只要我們減少心中的欲望，就會減少掛礙，也就會減少煩惱。

唐朝有一個有源和尚對佛律很有造詣，他在聽說慧海禪師在這方面也很有心得後，便啟程前去拜訪。

第一次，有源見慧海吃飯時狼吞虎嚥，彷彿無人在旁，便轉身離去。

第二次，有源見禪師大白天還在睡大覺，呼嚕打得震天響，又搖頭離去。

第三次，慧海禪師既沒有吃飯也沒有睡覺，他請有源相坐而談。

有源就問：「禪師，你修道還用功嗎？」

禪師答道：「用功。」

有源心想真是大言不慚。便又問道：「請問和尚是如何用功的？」

慧海知道有源問話的含義了，便說：「餓了就吃飯，睏了就睡覺。」

「難道人們都像你這樣用功嗎？」

「不同，」慧海答道，「有些人該吃飯的時候不肯吃，該睡覺的時候不肯睡，千般計較，所以是不同的。」

心無掛礙的字面解釋是指心中沒有任何牽掛。這個詞出自《般若波羅蜜多心經》：「是故空中無色，無受、想、行、識，無眼、耳、鼻、舌、身、意，無色、聲、香、味、觸、法，無眼界，乃至無意識界，無無明，亦無無明盡，乃至無老死，亦無老死盡，無苦、集、滅、道，無智亦無得。以無所得故，菩提薩埵，依般若波羅蜜多故，心無掛礙，無掛礙故，無有恐怖，遠離顛倒夢想，究竟涅槃。」

在生活中，我們面對無數的虛境，會生出無數的欲念，便會心有掛礙。一旦心有掛礙，便會產生無盡的煩惱。所以，「心有掛礙」是煩惱的根源之一。斷除這一煩惱的途徑便是做到「心無掛礙」。

只有做到不受外界干擾，心無掛礙，才能靜下心來，做自己該做的事；才能明確自己的志向，實現自己的夢想。

【第七課】

慈悲：寄悲憫心於人於物

仁愛應摒卻私心
善待一隻螞蟻
為他人提一盞燈籠
憫物之心長存
憐憫之心怎可圖利
救苦救難，遠勝過個人聲名
吃素是為了長慈悲心
以無所求之心培養善心善行
菩薩慈悲，也有怒目金剛

1 仁愛應摒卻私心

弘一法師在《悲智頌》裏說：「悲智具足，乃為菩薩。只有生存的智慧而沒有半點悲憫之心，別說做菩薩，就是做人也不配。」弘一法師認為，悲憫之心是人應該具備的基本素養。他說：「願發仁慈，常起悲憫。」所謂仁慈、悲憫就是憐天下之人，並以一己之力救天下之人。

弘一法師還說過：「以虛養心，以德養身。以仁養天下萬物，以道養天下萬世。」意思是說，胸無成見以養心，良好的德性以養身，仁愛以養天下萬物，大道以養天下萬世。弘一法師有一顆仁愛之心，不僅是因為他有出家人的慈悲為懷，而是他從心底就是一個仁愛之人，沒有個人的私心雜念。

弘一法師出家後，生活清苦，別人供養的錢財，他不占一絲一毫，都用來宣揚佛法，救濟災民。有人送他一副名貴的眼鏡，他收到後變賣掉，用得來的錢購買糧食，救濟難民。他說：「見事貴於理明，處事貴乎心公。」

包拯在任開封知府期間，不畏權貴，執法如山，為民做主。當他得知自己的侄子犯法之後，不顧他人勸阻，毅然將之斬首，以正國法。

包拯在歷代官員中算是最大公無私的一個。拋棄私欲的他時時刻刻將國法、百姓放在第一位，事事以此為先，故而能夠將個人生死置之度外，與當朝權貴周旋；能割捨親情，還百姓一個公道。

當一個人能做到仁愛無私時，他的言行舉止莫不會惠及他人。無私的人心裏裝著的永遠是他人，做任何事情都會首先考慮到他人的利益，爲他人謀福利。這樣的人，剛直不阿、公平公正，會爲他人的利益不顧自己的危險，挺身而出。這樣的人，他們的仁愛之心惠及天下，仁愛之舉澤被蒼生，因而他們會永遠活在人們的心中。

一身正氣無媚骨，心底無私天地寬。做人要像蠟燭一樣，在有限的生命中，有一分熱發一分光，給人以光明，給人以溫暖。要記住，「非理之財莫取，非理之事莫做，明有刑法相繫，暗有鬼神相隨」。要做到無貪心，無私心，心存清白真快樂；不尋事，不怕事，事留餘地自逍遙。

古今中外，凡是老百姓愛戴的人物，都是沒有私心的，他們爲大眾謀福利，他們捨身求法爲蒼生。有的人雖彪炳史冊，千古留名，卻不能深入人心，爲老百姓所愛戴，就是因爲他們做事的出發點不是爲了旁人而是爲了自己的功德。在這一過程中，他們雖然推動了歷史的發展，卻傷害了百姓的利益。

沒有私心，讓心靈中只有真理與正義。心底無私，則世無難事。包拯無私，則侄兒鍘得；堯舜無私，則天下讓得。他們之所以能爲常人所難爲，只因心底無私而已。

有一天，提婆達多生病。很多醫生來為他看病，但不能把他醫好。身為他的堂兄弟，佛陀也親自來探望他。

佛陀的一個弟子不解，問道：「您為什麼要幫助提婆達多？他屢次害您。甚至要把您殺死！」

佛陀回答說：「對某些人友善，卻把其他人當做敵人，這不合乎道理。眾生平等，每個人都想幸福快樂，沒有人喜歡生病和悲慘。因此，我們必須對每一個人都慈悲。」

於是，佛陀靠近提婆達多的病床，說：「我如果真正愛始終要害我的堂兄弟提婆達多，就像愛我的獨生子羅侯羅的話，我堂兄弟的病，立刻會治好。」提婆達多的病立刻消失了，恢復了健康。

佛陀轉向他的徒弟說：「記住，佛對待眾生平等。」

除去私心，讓心靈的天空升起一輪慈悲的太陽。忘掉猜疑，忘掉嫉妒，忘掉仇恨，留下的是菩提花果。把他人的成功視爲自己的勝利，你將永遠不會失敗；把他人的快樂當作自己的幸福，你將永遠沒有痛苦。原諒他人的錯誤，你會贏得更多的菩提。心，總是因爲有寬容，才有了清淨。

「人無私心便成佛」。無私是偉大的，一切自私的行爲在它面前都會無地自容地退縮；無私是純潔的，能化解委屈冰凍的心靈，讓整個世界充滿暖融融的愛意；無私是真誠的，如果你肯這樣對待他人，也會得到他人同樣的回報。佛爲眾生，沒有一點私心，所以他對一切人事物看得清楚。

私心是心靈的包袱，是人性的原始背叛。勇敢地拋棄它，你會感到一身的輕鬆，一生的寬容。只有除去私心，你才會有真正的瀟灑人生，一切煩惱自然煙消雲散。

人，無論是誰，都會有私心，這是人天性中的缺陷，但這種缺陷，並不是無藥可救的。我們應該懂得，仁愛應摒卻私心，自己對別人的態度，就是別人對自己的態度，善與愛無法共用的世界必是一片黑暗。

生命不是用來自私的，一個自私的人註定會傷害到自己，而一個樂於助人的人，反而會從別人那裏得到好處。把自私從你的心裏趕走，你的心中就會充滿光明。

2 善待一隻螞蟻

弘一法師是一位很慈悲的人。從小就同情「下等人」，愛護小動物。出家後，更是慈悲，連一隻螞蟻也不肯傷害。他曾爲《護生畫集》中一幅「螞蟻搬家」的畫題詩：

牆根有群蟻，喬遷向南岡。
元首為嚮導，民眾扛餱糧。
浩蕩復迤邐，橫斷路中央。
我為取小凳，臨時築長廊。
大隊廊下過，不怕飛來殃。

有一次，弘一法師到豐子愷家裏，豐子愷請他到籐椅上就坐，而他卻先把椅子輕輕搖動幾下，然後才慢慢地坐下去。豐子愷雖疑惑，卻也沒有多問。後來，豐子愷看他每次都是如此，就忍不住問了出來。

弘一法師回答：「這椅子裏頭，兩根藤之間，也許有小蟲伏著，突然坐下去，會把牠們壓死。所以要先搖動一下，好讓牠們走開。我們眾生每天小心謹慎，怕出些什麼災禍。那些活在椅子上的小蟲們又何嘗不是如此呢？」

弘一法師關心愛護螞蟻小蟲，出發點是他的慈悲之心。正如他在《華嚴經》上所說：「於一切眾生，當如慈母。」他的修持，已經到了自然而然的境界，隨時隨處都做得那麼周到自然，無一點勉強。

世間的生命原本沒有所謂的「高、低、貴、賤」之分，每一個生命都有其存在的意義和價值。人不過是一種高級的動物，或許自認為是更尊貴的生命，但說話做事不要失了「人」的身分。

德國哲學家海德格爾說過：「人只有詩意地棲居在大地，才是作為人而存在。」在有修為的人眼裏，萬物是平等的。但是很少有人能意識到這一點，能夠真心地愛護他人的性命。在很多人的眼裏，不僅是人和其他生命體有尊卑之別，就連人與人之間也是有等級差距的。高高在上的人可以任意屠戮下面人的生命。這就是為什麼人類之間爭鬥不絕的原因。

慈悲善待自己，也慈悲善待一切眾生。把很多的災禍大而化小、小而化無，才是真正的消災；把原來狹窄的心量擴大，擴大到無量，才是真正的消災。

滴水和尚十九歲時就到曹緣寺拜儀山和尚為師，剛開始，滴水和尚被派去替其他和尚們燒水洗澡。

有一次，師父洗澡嫌水太熱，便讓他去提桶冷水來沖涼一下。他便去提了冷水來，先把部分熱水潑在地上，又把多餘的冷水也潑在地上。

師父便罵道：「你這麼冒冒失失的，地下有多少螻蟻、草根，這麼燙的水下去，會壞掉多少性命！你若無慈悲之心，出家又為了什麼？」

滴水和尚頓時開悟了，並以「滴水」為號，此即「曹緣一滴水」的故事。

一切眾生都有生存的權利和自由，我們自己怕受傷害、畏懼死亡，眾生無不皆然。眾生的類別雖有高低不同，但生命絕沒有貴賤、尊卑之分，如果人人發揚這種平等、慈悲的精神，我們的世界一定會和諧、和平、互助、互敬、互愛、融洽無間，將沒有一個人會受到故意的傷害。

大多數人認為蟑螂、蚊子、蒼蠅之類是害蟲，如果對牠們也要憐憫慈悲，不是沒有原則、敵我不分嗎？所謂的害蟲，只是站在人類的立場而言，是相對而非絕對的。對於人類來說，牠們確實給生活帶來了一些困擾。但對世間其他生命來說，人類難道不是造成更大危害的罪魁禍首嗎？造成環境污染，各種野生動物滅絕的，不正是人類自己嗎？如果我們只是站在自身的立場看待問題，就不可能做到平等地關愛一切生命。所以說，不殺生不僅是為了尊重生命，更是為了培養自身的慈悲心。

一位韓國和尚，他出家前是獵人——專門捕捉海獺。有一次，他一出門就抓到一隻大海獺。等剖下珍貴的毛皮後，他就把尚未斷氣的海獺藏在草叢裏。

傍晚時，獵人回到原來的地方，卻遍尋不著這隻海獺。再仔細察看，才發現草地上依稀沾著血跡，一直延伸到附近的小洞穴裏。

他探頭往洞裏瞧瞧，不禁大吃一驚。原來，這隻海獺忍著脫皮之痛，掙扎著回到自己的窩。可牠為什麼要這麼做呢？獵人疑惑不已，等他拖出那隻早已氣絕身亡的海獺時，才發覺有兩隻尚未睜眼的小海獺，正緊緊吸吮著死去母親的乾癟乳頭。

於是，這位獵人放下屠刀，出家修行去了。

弘一法師對待護行的態度可謂鄭重之極，夏丏尊回憶說：「法師寫字，書寫至刀部，忽然停止住了，問他原因，他說：『刀部之字，多有殺傷意，不忍下筆耳。』其慈悲之心，可見一斑。」

有一首詩這樣寫道：「誰道群生性命微，一般骨肉一般皮。勸君莫打枝頭鳥，子在巢中望母歸。」每一種生物的存在都有其自身的理由，愛護每一種生物，愛護自然環境，也是愛護人類自己。

3 為他人提一盞燈籠

弘一法師說：「臨事須爲別人想，論人先將自己想。」我們遇到事情時，不能只考慮自己的利益，而不考慮別人的利益，從而做出損人利己的事情。爲人處世要「有所爲，有所不爲」。一件事情到底該不該做，我們不能以是否對自己有利爲標準來判斷，還應該考慮到他人的利益。

有一個盲人，他在走路的時候總會提著一盞燈籠。人們很不解，就問他：「你什麼也看不見，幹什麼還要提著一盞燈呢？」盲人笑笑說：「我雖然看不見，但是別人看得見啊！我為別人照亮了路，也可以減少別人撞到自己的機會。」

與人方便，就是與己方便。人不能只為自己著想，為別人點亮一盞燈，同樣也會照亮自己的路。

我們每個人都可以在為自己照明的同時，也讓其他人能看見光明，儘管表面上看來我們並不需要這麼做。為他人照亮道路並不是一件容易的事。許多時候，我們不但沒有為他人帶來光明，反而用自私、無情、仇恨和怨恨使別人的路變得更加黑暗。如果所有的人都能為他人帶來光明，如果所有的人都點亮一盞燈，那麼整個世界將充滿光明！

「予人玫瑰，手留餘香」。生活在這個世界上，我們要學會為他人點一盞燈。然而，當人們不再那麼需求彼此的時候，就開始變得自私自利，只想著為自己做事。這就在人與人之間造成了深深的裂痕。

人們在遵循叢林法則，互相拚鬥，鬧到至死方休，卻從來沒有想過，這樣做會讓人類走向滅亡。只有學會為他人點一盞燈，做事多為他人考慮，人與人之間才能重新建立相互信賴，互相扶持的關係，也只有這樣，人們才能創造更多的財富，才能各取所需。若是我們每個人都只想著索取，卻不願意付出，那麼其結果就是誰也無法得到。

許多人活了一輩子都不會想到，自己在幫助別人的同時，就等於在幫助自己。因為一個人在幫助別人時，無形之中就已經投資了感情，別人對於你的幫助會永遠記在心上。

4 憫物之心長存

弘一法師說：「水邊垂釣，閒情逸致。是以物命，而為兒戲。刺骨穿腸，於心何忍。願發仁慈，常起悲憫。」弘一法師稱得上是一位真正懂得並且做到了憫物的人，他對任何事物都珍惜至極，並且時刻懷抱著一種博大的悲天憫物的情懷。

沒有生命的事物也應值得去悲憫和珍惜，一個人如何對待生命以外的東西，直接關係到他如何對待生命本身。因此，憫物之心的第一步就是學會珍惜身邊的一切事物，不管是有生命的，還是沒有生命的。

弘一法師出家之後在《悲智頌》裏說：「悲智具足，乃為菩薩。只有生存的智慧而沒有半點悲憫之心，別說做菩薩，就是做個人都不合格吧？」弘一法師認為，悲憫之心是每個人都應該具備的基本素養。人若是沒有這種品格，那也就只是披著一張人皮而已。

唐代的智舜禪師，一向在外行腳參禪。有一天，他在山上的林下打坐，忽見一個獵人，打中一隻野雞，野雞負傷逃到禪師座前，智舜禪師以衣袖掩護著這隻虎口逃生的小生命。

獵人跑來向他討要野雞：「請將我射中的野雞還給我！」

智舜禪師帶著耐性，無限慈悲地開導著獵人：「牠也是一條生命，放過牠吧！」

獵人一直和智舜禪師糾纏：「你要知道，那隻野雞可以當我的一盤菜哩！」

智舜禪師無法，立刻拿起行腳時防身的戒刀，把自己的耳朵割下來，送給貪婪的獵人，並且說道：「這兩隻耳朵，夠不夠抵你的野雞，你可以拿去做一盤菜了。」

獵人大驚，終於覺悟到打獵殺生乃最殘忍之事。

古人說：「救人一命，勝造七級浮屠。」救微命亦復如是。

蓮池大師說：「沙彌救蟻得高壽，拯溺蠅酒匠免死。」

《六度集經》中記載，「佛陀在前世用腐爛的骨髓濟虱微命存活七日，今受供養盡世上獻……」

儒家講「達則兼濟天下，窮則獨善其身」。這句話有給人的自私心找藉口之嫌疑，讓人們藉以爲自己的漠然辯護。弘一法師就非常不客氣地說：「沒有悲憫之心的人不配爲人。」

在佛家看來，佛是沒有私心的，他們的所作所爲自然都是爲天下人。

莊子也曾經說過：「有親，非仁。」他駁斥了孔子所講的仁愛的順序，在他看來，只有沒有任何私心的人，才能稱得上是「仁」，才能兼濟天下。

一九二四年，弘一法師掛褡於寧波七塔寺，當時正是兵荒馬亂時期。他的朋友夏丏尊邀他到白馬湖小住。他所帶的鋪蓋只是一床破席，衲衣為枕，洗臉的毛巾雖破舊但潔白。

夏丏尊要替他換掉這些所攜之物，卻被弘一法師婉言謝絕了。他平淡地說：「還可以用，好好的，不必換了。」

夏丏尊帶來的飯菜，鹹了些。他又微笑著說：「這樣蠻好的，鹹有鹹的滋味嘛！」

夏丏尊說：「你在這裏安心住好了，每天我會差人送飯來的。」

「不必了，出家人化緣是本分。」弘一法師還是婉拒。

「那麼，下雨天就讓人送飯來吧！」夏丏尊請求說。

「不用了，我到你家去好了，下雨天也不要緊，我有木屐可走潮地，這可是我的法寶呢！」

後來，夏丏尊先生說到弘一法師，總是讚歎不已：「在他心中，凡這個世界上的東西，都是寶，他都很是珍惜。小旅店、大統艙、破席子、舊毛巾也好，白菜、蘿蔔也好，走路也好，木屐也好，他都覺得好得不得了。人家說，這太苦了，他卻說這是一種享受，是真正的享樂！」

惜物的本質一方面是珍惜，而另一方面則是對自由的一種尊重。萬事萬物在自然界原本都是應該享有自由的。

常存一顆惜物的心，不僅是一種博大的情懷，更是對人生與自然的一種理解和頓悟。我們從來都是與周圍的事物和自然融於一體的，對它們進行關懷，實際上也是在關懷我們自身。

5 憐憫之心怎可圖利

弘一法師說：「一蟹失足，二蟹扶持。物知慈悲人何不知？」意思是說，一個螃蟹失去了一條腿，另外一隻螃蟹就會過來扶持，連螃蟹都能患難與共，發慈悲之心，人爲何不能這樣呢？這首詩的名字叫《生的扶持》，是弘一法師在《護生畫集》上做的配詩。其中寓意之深刻，令人深思！

弘一法師想通過這首詩告訴人們，以慈悲之心助人不是交易，不應期待相等的回報。甘心情願的付出，不是讓人感激，更不要讓人內疚。付出了就期待別人回報，如果回報不如自己的預期，那麼就會徒生煩惱。因此，無所求的態度才是最好的。

如果我們看見別人有了苦難，在去幫助別人之前考慮自己的利益，那麼我們就一定是期望回報，這是種不正確的想法。佛家講究普度眾生，如果佛祖也要每一個人都回報他的話，那麼佛祖就不會有今天如此崇高的地位了。

如果我們幫助了別人的時候希望別人能夠回報自己的話，那麼我們做好事所積下的功德就沒有了，福報自然也就沒有了。同時，一旦我們要求回報，如果受惠者不提此事，那麼我們必然心亂如麻，這會給個人的修養帶來很大的障礙。

積德行善是每一個人都應該做的事情。生活在這個社會中，我們必然是要爲這個社會做一些事情的，否則我們又有什麼資格活在這世上呢？如果大家都互不關心，各懷心思，那麼人類社會也不可能發展到今天。若是沒有原始社會人們的相互團結，互相幫助，人類估計早已經如恐龍一樣滅絕了。

學會不求回報的幫助別人、尊敬別人、愛護別人。幫助人時求回報，這是一種有條件的、商業的行爲，不是真誠，也不是清淨，更不是慈悲。

善待別人。在幫助別人時，你儘可以爲這種舉動歡欣，但是不要有太多功利的想法，因爲幫助別人本身就是一種快樂。愛人就是愛自己，幫助別人也是在幫助自己。

農夫老弗萊明救了一個掉進糞池的小孩，卻拒絕收取對方的回報；而小孩的父親執意要報答農夫，於是資助老弗萊明的兒子上學。

老弗萊明的兒子從倫敦大學聖瑪麗醫學院畢業後不久，就擔任了倫敦大學的細菌學教授，也就是著名的細菌學家弗萊明。他於一九二八年發現了青黴素，這是對許多病菌有特殊療效的藥物，而弗萊明也因此於一九四五年獲得了諾貝爾生理學和醫學獎。

而那個被老弗萊明救起的孩子，長大後成為了英國的首相，他就是大名鼎鼎的政治家邱吉爾。數年後，邱吉爾患了肺炎，這在當時是不治之症，偏巧是弗萊明發明的青黴素救了邱吉爾的性命。

人有時候需要換一種思維，主動幫助別人解決一份困難，可能就是在幫助自己解決困難。當你幫別人的時候，別人會記在心裏，也會在一個合適的時間給予你同樣的幫助。不要先想著自己能得到什麼，要想著自己能貢獻什麼。「施比受有福」，因爲施是給予，是幫助他人，是自己有價值、有能力的具體表現。

其實，生活中的你我他，誰沒有遇到過這樣或那樣的難題！不過，當你在幫助別人之際，尤其是幫助別人渡過難關、解決問題的時候，你不僅精神得到慰撫，心靈得到淨化，道德得到昇華，而且也履行了一份公民對社會的義務與責任。

大家可能都聽過這句話「幫助別人，快樂自己」。生活中常是這樣，對人多一份理解、寬容、支持和幫助，其實也是在善待和幫助自己。在當今這樣一個注重合作的社會，人與人之間更要形成一種互助的關係。只有我們先去善待別人，善意地幫助別人，才能處理好人與人之間的關係，才能使自己所做的事情獲得成功，從而獲得雙倍的理解與快樂。

6 救苦救難，遠勝過個人聲名

明代禪宗憨山大師說：「荊棘叢中下腳易，月明簾下轉身難。」意思是說，荊棘叢中下腳非常困難，但是一個決心修道的人，並不覺得太困難。那麼最困難的是什麼呢？「月明簾下轉身難」，要做常人所不能做，忍常人所不能忍，到這個苦海茫茫中來救世救人，那是最難做到的。

弘一法師爲救一個被冤枉的女孩，忍受了內心極大的痛苦與煎熬，做出違背自己所堅守的操行。他說：「老衲固然看重操行，但救苦救難，普度眾生乃佛門要責，遠勝過老衲的個人聲名……」

弘一法師在盧山養病期間，得知楊念在一位英國牧師家當家庭教師，而牧師的兒子對楊念垂涎三尺。一天，趁家裏沒人，竟欲對楊念施暴。楊念拚命掙扎，才得以掙脫魔爪而逃。那傢伙窮追不捨，不慎跌下坡坎，脊椎骨折，成高位截癱。英國牧師反遷怒於楊念，提出要楊念嫁給他的兒子，服侍終生，否則就告到法院判她刑。

弘一法師聽說後，氣憤地說：「人間竟有這等不平之事！普度眾生，救人危難，佛門更是責無旁貸。貧僧不會袖手旁觀。」

弘一法師聯合廬山地方名流，聯名向牯嶺法庭嚴正交涉，為楊念伸張正義。他德高望重，聲名遠播，領眾出面伸冤，迫使法庭不得不慎重對待。

牯嶺法庭汪庭長表示，廬山洋人勢力大，如果得到九江法院的支持，可能會有轉機。弘一法師下山，親自去九江法院交涉。這次法院終於暴露出對洋人的奴顏媚骨。數日後，法院通知，此案特殊，仍由牯嶺法庭妥善處理。

汪庭長悄悄找到弘一法師說，法庭已接到九江法院的指令，不准更改判決，以免和洋人鬧僵。眼下只有一個辦法，國舅宋子文的岳父張謀之在廬山，他是廬山人，誰敢得罪。如果弘一法師能屈尊請他出面，則勝券在握。

弘一法師出家前，因目睹官場的腐敗與黑暗，曾立誓不與官場往來。

汪庭長深知他所慮，說：「大師氣節令人感佩。但楊念一案除此別無良謀。出家人慈悲為懷，還望大師慎思。」

弘一法師經過一夜深思，最後長歎一聲，決定去見張謀之。

違背了自己心願的弘一法師，翌日清晨悄悄出門，用竹簍背石，不停地往返於山間的小道上。太陽出來時，汗水早已濕透袈裟，竹簍的背索把大師雙肩勒出了兩道深深的血痕……

當楊念得知弘一法師用這種方式折磨自己，便要服毒自盡。弘一法師見到楊念後說：「楊念女士，老衲決心為你解難，你如此作為，莫非懷疑老衲心不誠？」

楊念哽咽道：「小女子上午見大師背石折磨自己，知大師之萬分痛苦，皆是因我而起。我既不能說服大師，只有以此一了百了，方能保全大師的清名！」

弘一大師連連搖頭：「差矣！差矣！老衲固然看重操行，但救苦救難，普度眾生乃佛門要責，遠勝過老衲的個人聲名。你能體恤老衲，我深表謝意。但你的作為實在是給老衲心上刺了一刀，叫老衲如何安心！我意已決，你若再行魯莽，必會陷我於不仁不義之境啊。」

弘一法師去見了張謀之。後由張謀之出面，楊念一案重新審理，判決牧師的兒子強姦未遂，楊念無罪。

弘一法師乃出世之人，但他仍做入世之事，遇到世間不平事，他依舊該出手時就出手。雖然是違背自己心願的事，但只要能救助別人，他仍然會做。這就是爲什麼弘一法師能受到世人敬仰的原因。弘一法師以救苦救難的愛心憐憫著萬事萬物，蕩滌世人污濁的心靈，引導世人積極向善。

弘一法師做出違背自己意願的事，是一種「舍」。在人的一生中，會遇到很多需要我們舍的事。弘一法師爲救人，捨下自己一貫堅守的操行，把救人之事看成遠超自己名聲之事。

7 吃素是為了長慈悲心

弘一法師在《切莫誤解佛教》中說：「雖然學佛的人，不一定吃素，但吃素確是中國佛教良好的德行，值得提倡。佛教說，素食可以養慈悲心，不忍殺害眾生的命，不忍吃動物的血肉，不但減少殺生業障，而且對人類苦痛的同情心會增長。大乘佛法特別提倡素食，說素食對長養慈悲心有很大的功德。所以吃素而不能長養慈悲心，只是消極的戒殺，那還近於小乘呢！」

《華嚴經》上講：「眾生歡喜，諸佛歡喜。」菩薩以慈悲心為根本，因大悲心而發菩提心，因菩提心而成正覺。然而什麼是慈悲心？慈悲心就是孟子所說的：「見其生，不忍見其死；聞其聲，不忍食其肉。」

有個法師編著的《佛心慧語》一書中說：「大地的兒女，卻將餐桌變成一個祭壇，在刀叉匙筷間，咀嚼他們的貪婪、殘忍和仇怨。」素食者並非單純是不吃肉，素食者選擇食物的目的，除了有考慮不殺生的原因外，終極的目標是「修心」。

唐宋八大家中的蘇東坡不但詩文俱佳，書法繪畫也堪稱一絕。他對美食方面的研究與喜好更是眾所周知，他甚至寫過如《菜羹賦》、《食豬肉詩》、《豆粥》、《鯨魚行》以及著名的《老饞賦》等詩文，來反映他對飲食烹調的濃厚興趣和品嘗佳餚美味的豐富經驗。

但在「烏台詩案」被貶黃州後，蘇東坡一方面與佛法接觸，另一方面又與質樸的農夫、漁民為友，以大自然為家，因此，他的心性有了很大的轉變，對生命也有了更深刻的體悟。在飲食上，他先由不殺豬、羊等大型動物，進而連雞、鴨、蟹、蛤等都在禁殺之列。

有人送他螃蟹、蛤蜊水產物，他也投還江中。雖明知蛤蜊無復活之可能，但也比放在鍋裏煎烹的好。他恨自己未能忘味，不能吃全素，只好「勉勵」自己只吃「自死物」，不為口腹操刀殺生。在他的影響下，很多人也不吃肉了。

有許多名人也吃素，如達斯汀・霍夫曼、達・文西、愛因斯坦、史懷哲、美國全壘打王漢克・阿倫、前披頭士團員保羅・麥卡特尼、愛迪生以及保羅・紐曼、麥當娜、琳賽・華格納、西方醫學之父希派克・拉提斯……他們都是吃素一族。

素食的利益極大，不僅經濟，而且營養價值也高，可以減少病痛。現在世界上，有國際素食會的組織，凡是喜歡素食的人都可以參加，可見素食是件好事。

素食者少有疑難雜症發生。現在醫學尤其證明這一點，素食者少罹癌症，因爲素食者較少酸性體質，所以不但有益健康，而且比較能養慈悲心。

《華嚴經》說：「諸佛如來，以大悲心而為體故。因於眾生，而起大悲。因於大悲，生菩提心。因菩提心，成等正覺。」大悲心乃是成佛之根本，也是行菩薩道的重要依憑，因有「悲」心，才能體解眾生苦，進而拔苦予樂。

《周易》有言：「乾曰大生，坤曰廣生，天地之大德曰生。」天地因有好生之德，故能化育出萬物。而生於天地之間的子民，也當效法天地之德，以慈悲心護念芸芸萬物，進而贊天地之化育。

西方有一句話說：「You are what you eat.」（你吃什麼，你就是什麼）——人會被食物的性質影響自己的性格。其實中國古代也有這種觀點，《黃帝內經》中記載，吃肉的人的性格放縱、驕傲、剛烈，正好反映了吃肉對人性情的影響。

弘一法師說：「其實學佛的人，應該這樣，學佛後，先要瞭解佛教的道理，在家庭、在社會，依照佛理去做，使自己的德行好，心裏清淨。使家庭中的其他人覺得，你在沒學佛以前貪心大，嗔心很重，缺乏責任心與慈愛心；學佛後一切都變了，貪心淡，嗔恚薄，對人慈愛，做事更負責。使人覺得學佛在家庭、社會上的好處，那時候你要素食，家裏的人不但不會反對，反而會生起同情心，漸漸向你學習。如若剛一學佛就只學吃素，不學別的，一定會發生障礙，引起譏嫌。」

素食並非單純是一種飲食習慣，而是一種哲學，一種生活態度，人生觀念，代表了前衛的綠色思想，亦是回歸傳統的飲食方法。學佛者通過飲食修行，讓自己身心合一，甚至與自然共融。

素食者容易快樂，真正的快樂並非欲望的滿足，而是當自己內心平靜、身心調和、欲求減少，內心會生起祥和美滿之態。這種祥和美滿的狀態，正是持久快樂的源泉。

8 以無所求之心培養善心善行

弘一法師曾說：「真正學佛的人，只相信因果。如果過去及現在作有惡業，絕不能想趨吉避凶的方法可以避免。修善得善果，作惡將來避不了惡報，要得到善的果報，就得多做有功德的事情。佛弟子只知道多做善事，一切事情，合法合理地去做，絕不使用投機取巧的下劣作風。這幾樣行爲都與佛教無關，佛弟子真的信仰佛教，應絕對避免這些低級的宗教行爲。」

在弘一法師看來，如果帶著目的去做善事，就是一種投機取巧的下劣作風。《金剛經》中記載，「真正的做善事，沒有做善事的我，沒有做善事的人，也沒有做善事的東西。既然沒有做善事者、接受者和做善事的東西，就不應該去衡量到底我這個善事做出去，能夠得到多少好處。」

人們應該不含私心地幫助別人，把所有的一切都施捨出去。只有發自內心地、真誠地幫助別人，才更容易贏得他人的尊敬，也更容易獲得意外的回報。

有一次，佛托著缽出來化緣，遇到兩個小孩在路上玩沙子。他們看見佛，站起來非常恭敬地行禮。

其中一個孩子抓起一把沙子放在佛的缽盂裏，說：「我用這個供養你！」佛說：「善哉！善哉！」

另外一個孩子也抓起一把沙子放在佛的缽盂裏。

佛就預言，若干年後，他們一個將是英明的帝王，另一個將是賢明的宰相。

果然，多年以後，一個孩子當了國王，就是歷史上有名的阿育王；另一個就是他的宰相。

為何阿育王的一把沙子就得到了這麼大的回報，而很多人向寺廟裏捐金捐銀，卻什麼好處也沒見到？原因無他，皆因越有所求越得不到。

一個人在做善事時，不僅是「身」的行動，而是「心」和「意」一起行動，因此，它帶來的是真正的快樂。慷慨和做善事將使一個人獲得提升。一個慷慨的人，以慈悲心向那些需要幫助的人伸出援手，他就是在做善事。當一個人在做善事時，生起的慈悲和善心，足夠控制自己的自私和貪婪。

生活中有很多幫助別人的機會，不要吝嗇，也不要想著求得回報，用無私的心去幫助別人，或許在你困難的時候，你就會得到別人的幫助。

「人到無求品自高」。惟覺法師說：「無所求是佛法中最高境界。初學佛之人一定是有所求的，求善法，求正法。要從因上去求，不要從果上去求，這不但不會遭致罪過，反而還有功德。雖有功德，最後仍要回歸無所求。人是卑微渺小的，不論這一生名利權勢有多高，最後都是黃土一抔。若人能心無所求，則心就能安定下來，身心也能得到清淨與自在。」

六祖慧能辭別五祖後，開始向南奔去。過了兩個半月，他到達大庾嶺。後面卻追來了數百人，欲奪其衣缽。有一名叫慧明的僧人，出家前曾是四品將軍，性情粗暴，極力尋找六祖，他搶在眾人面前，趕上了六祖。

六祖不得已，只好將衣缽放在石頭上，說：「這衣缽是傳法的信物，怎麼能憑武力來搶呢？」然後自己隱藏在草莽中。

慧明趕來拿，卻無論如何也拿不動法衣。於是他大聲喊道：「行者，行者，我是為得到佛法而來，不是為這些法衣而來。」

六祖就從草間出來，盤坐在石頭上。

慧明行禮後說：「望行者能為我說說佛法。」

六祖說：「既然你是為了佛法而來，那你就摒棄一切俗念，不要再有任何念頭，我為你說法。」

慧明靜坐了良久，六祖說：「不思善，不思惡，正在這個時候，哪個是明上座的本來面目？」

慧明聽了，頓然大悟。

佛要我們立於善惡的分別心之上，直接明白我們心靈的真實情況。以無所依、無所求之心培養善心善行，才是最好的生活狀態。

正所謂「一念天堂，一念地獄；一念成妖，一念成佛」。人性中本就有光明與黑暗的兩面。當妄念太過執著時，人便捨棄了光明的一面，而走向黑暗，其結果也必將是黑暗的。人生如過眼雲煙，最終必是一切成空。爲惡一生的所有益處都無法帶走。只有以無所求之心培養善心善行，方能得到「極樂」的贈予。

古人說：「外無所求，內無所得。」指的就是這一念無求的心。念心本自具足，什麼都不需要求，達到無所求，就能與道相應。

宣導善良，只是爲了讓我們用最小的成本來生活；以惡相報自然是惡惡相報，成本陡然增大。奉行善心善行，其實是減少人生的成本，讓我們的生活都好過一些。只有發自內心地、真誠地幫助別人，才更容易贏得他人的尊敬，也更容易獲得意外的回報。

9 菩薩慈悲，也有怒目金剛

弘一法師說：「為護佛門而捨身，大義所在，何可辭也？」

佛教中所說的「金剛」，是佛菩薩的侍從力士，因手持金剛杵而得名。「菩薩」是努力於上求佛道、下化眾生的人。而「怒目金剛」是形容人的威勢、面目兇暴，以降伏誅滅惡人；「低眉菩薩」是形容人的面貌態度慈祥，以愛攝護他人。兩者形相、作法雖有差異，但都是為了幫助別人而有的方便做法。

隋朝時，吏部侍郎薛道衡有一天到鐘山開善寺參訪。

這時，正巧一位小沙彌從大殿向庭院走來，薛道衡突然動起了考考這位小沙彌的念頭，於是趨前問他：「金剛為何怒目？菩薩為何低眉？」

小沙彌不假思索地回答道：「金剛怒目，所以降服四魔；菩薩低眉，所以慈悲六道。」

「金剛怒目，所以降服四魔；菩薩低眉，所以慈悲六道」。無論是菩薩還是金剛，他們的行爲都是本著一顆大愛之心，他們都是以拯救世人爲己任。我們都知道，佛家戒殺生，但是金剛爲維護世人，對於那些亂世妖魔，他們也會毫不留情，寧可自身墮入阿鼻地獄，也不願世人受苦。這種「我不入地獄，誰入地獄」的慈悲情懷，非大智大勇者不能完成。

佛教中提倡眾生平等，提倡人人皆可度化，但是面對那些冥頑不靈的人，佛祖也是不能容忍的。面對別人的錯誤，我們儘量地去勸說，去感化，去使他們改過自新。但是如果他始終怙惡不悛，那麼我們也沒有必要客氣，該出手時就出手，對惡人慈悲，就是對好人殘忍。任由那些作惡多端的人活在世上，只會讓更多的人受苦；爲挽救一個人而傷了眾人，更是不值得的。

對於那些偶然犯下錯誤，並且有心改過的人，我們應該用寬大的胸懷去包容。只要我們能夠循循善誘，就能夠使他掃除孽障，重新做人。這樣我們就可以多度化一人，而少造一份殺孽。

秦穆公是春秋時期秦國的君主。

有一次，他的一匹愛馬跑到了岐山腳下，結果被村民殺了吃掉了。官差知道後便把老百姓都抓了起來，準備嚴懲。

秦穆公卻說：「一個真正的君子，絕不會為一匹馬去殺人。」他不但原諒了那些村民，還送上酒給他們喝，說：「吃好的馬肉，必須喝上等的酒。」村民們都很感激他。

後來，晉國攻打秦國，秦穆公差點當了俘虜。危難之際，那些受過他恩惠的村民們自動組成敢死隊，為秦穆公解了圍。秦穆公失去一匹心愛的馬，得到的卻是人民的擁戴。

在生活中，對一些犯了無心之過的人，我們要原諒他們；而面對那些已經惡貫滿盈的人，我們還是不能太過容忍，該出手降魔的時候，絕對不能心慈手軟，否則必然會遺禍無窮。

做人一定要分清善惡，只把援助之手伸向善良的人。即使對那些惡人仁至義盡，他們的本性也不會改變。

【第八課】

自省：
懺悔是淨化心靈的力量

時常自省，才能掃卻心中的塵埃
懺悔，喚醒沉睡中的良知
改過自新方為善
常常失敗常常悟
以品德去感召他人

1 時常自省，才能掃卻心中的塵埃

一個有道德良知、有菩薩心腸的人，應該時時反省懺悔，直至全人類都應該反省懺悔，是否因自私自利而傷害了眾生。所以，弘一法師不斷地、自覺地反省自己，反問自己：「我是一個禽獸嗎？好像不是，因爲我還有一個人身。我的天良喪盡了嗎？好像還沒有，因爲我尚有一線天良，常常想念自己的過失。」

弘一法師在《懺悔》一詩中說：「人非聖賢，其孰無過。猶如素衣，偶著塵涴。改過自新，若衣試塵。一念慈心，天下歸仁。」這種反省與懺悔，就是時時清洗污染之心、執著之心、邪念之心，以彰顯慈悲之心。

弘一法師一直都十分注重自我反省，在他的著作中，他曾這樣寫道：

「到今年一九三七年，我在閩南居住已是十年了。回想我在閩南所做的事情，成功的卻是很少很少，殘缺破碎的居其大半，所以我常常自己反省，覺得自己的德行實在十分欠缺。因此近來我給自己起了一個名字，叫『二一老人』。什麼叫『二一老人』呢？這有我自己的根據。記得古人有句詩：『一事無成人漸老。』清初吳梅村（偉業）臨終的絕命詞有：『一錢不值何消說。』這兩句詩的開頭都是『一』字，所以我用來做自己的名字，叫做『二一老人』。」

自省，簡而言之就是自我反省，自我檢查，以能「自知己短」，從而彌補短處，糾正過失。金無足赤，人無完人。每個人都有自己的不足之處，通過反省克服心中的雜念，不斷地提高自己，完善自己，這是對自己人生負責的態度。

《孟子》中講道：「權，然後知輕重；度，然後知長短。物皆然，心為甚。」內心的反省對於道德的修養是非常重要的。孔子也曾經說過：「吾日三省吾身也。」可見聖人之所以能成為聖人，和自我反省是有很大關係的。

當心中有了錯誤的想法，就應該及時地反省自己，檢討自己，防止在錯誤的道路上越走越遠。每個人都有希望和理想，在通往成功的路上，有太多的事會干擾我們的身心。這就需要我們抽時間反省自己，只有排除干擾，甩掉思想包袱，才能輕裝上陣。

明朝蕅益大師說：「內不見有我，則我無能；外不見有人，則我無過；一味癡呆，深自慚愧！劣智慢心，痛自改革！」意思是說，如果一個人不知道自己有過失，那麼這個人就沒有自我修行的能力了；如果一個人看不到別人的過失，那麼這個人就沒有什麼過錯了。我們在修煉的時候，要像癡呆之人那樣執著，要深深地進行自我反省，自我批評。不要怕自己智力劣鈍，領悟能力差，只要在心中時常自我反思，自我修煉就行了。弘一法師只用一句話點破了這一點：「反思使人進步。」

弘一法師認為，我們每個人都有過失，平時壞的習慣、習氣太多，常常影響到我們的日常生活。因此，他勸解我們要多讀聖賢書，多讀經書。通過讀書、讀經來審視自己的行爲，找出自己的毛病，改正這些缺點，說明自己不斷提升。

在每日的修行中，弘一法師也是這樣做的。他不斷解剖自己，只要發現自己的思想出現了偏頗，就立馬進行糾正。所以，弘一法師常說：「常常檢點約束自己，是一個人必修的功課。」

讓我們牢記弘一法師的這句「靜坐常思己過」，通過不斷地反省自己，讓我們的人生更圓滿。

2 懺悔，喚醒沉睡中的良知

弘一法師在《贈閩南會泉長老聯語》中說：「會心當處即是，泉水在山乃清。」以平常心隨本性體悟，就是慈悲心；沒有被塵垢污染之心，就是清淨心。

秋去冬來，不知不覺又到了歲末。佛陀讓弟子們在祇園精舍的庭園中豎起一根大鐵柱。弟子們雖然不明白佛陀的用意，但還是照辦了。

在新年的前夜，佛陀叫來阿難，請他先去沐浴，然後換上一件新袈裟。等阿難梳洗完，穿著新裝再次來到佛陀面前時，佛陀慈愛地對阿難說：「阿難！我要請你幫我做一件很重要的事。」

阿難急忙問：「世尊，您要我為您做什麼事？」

佛陀微微一笑，指著那根豎立在不遠處的鐵柱對他說：「你去敲一敲那根鐵柱，一定要用力地敲、使勁地敲。」

阿難點頭答應後，匆忙走到那根鐵柱旁，他撿起地上一塊堅硬的石頭，對著那根鐵柱先比劃幾下，隨後用力一敲。

猛然間，那根鐵柱發出極其響亮的聲音，聲音響徹整個舍衛國，就連地獄裏的餓鬼和畜生道的畜生們也聽見了。更奇怪的是，大家在聽到這聲音後，所有的痛苦和煩惱居然都消失了。這是連阿難怎麼都想不到的事，事實上，連阿難自己也被這聲音震撼了。

聲音將在僧房中休息的比丘們都召喚出來了，他們彙聚到講經堂。

佛陀對他們說：「眾位弟子，明天就是新一年的開始，大家也都學習了一年的佛法。現在你們應該要反省一下自身，同樣，我也是需要反省一下我自己。你們兩人一組，各自向對方檢討自己的過失，並要對自己所犯的過失做出懺悔，使自己的身心清淨，不染雜念。」

所有的弟子都遵從佛陀的吩咐，兩人一組，認真地檢討自身，懺悔完後便重新回到自己的座位上。

這時候，佛陀慢慢地從自己的座位上站起來，開口說道：「剛才你們大家都檢討了自身，並為自己的過失做了懺悔。我剛才說過，我也同樣需要反省。」

佛陀停了一下，又再接著說：「其實我沒有做錯過任何一件事，也沒有任何過失，但是為了訓誡你們，我也要做出反省，檢討自身。」緊接著，佛陀向大家做了懺悔，隨後才又坐了下來。

弟子們一見佛陀沒有任何過失，也檢討了自身，覺得自己反省得還不夠，於是就都學著佛陀的樣子，向在座的弟子們做了懺悔。

這一天，有一萬個比丘感受到了佛義，消除一切雜念，另有八千比丘修成了阿羅漢。

有句話說得好：「人非聖賢，孰能無過，過而能改，善莫大焉！」修行最重要的是懺悔改過。佛家認為，一個人不管是在前世還是今生，都會犯下種種過錯。為了消除修道的障礙，每個學佛之人都要在佛菩薩前承認自己的錯誤。

懺悔對生活有現實的意義。承認自己的錯誤，知道偷盜、邪淫、殺生是罪惡，是對人生有害的，一心發願改過。有的人通過懺悔，喚醒自己的良知，重新做人。

懺悔是一種勇氣，是認識罪業的良心，是去惡向善的方法，是淨化身心的力量。懺悔，不僅能流露出自己內心的歉疚和羞愧，更能展示生命的純潔與無染。把塵埃與虛飾一同拂去，恢復一個「本真」的自己。

佛陀說：「有罪當懺悔，懺悔則安樂。」我們只有先承認自己不是一個完美的人，我們的人生是一種有「缺陷」的人生，才能夠真正地反思自己、反省自己，在日常生活裏保持一顆警覺的心，改正自己的錯誤，不重蹈前轍，和那灰色的過去說「永別」。

人是很容易犯錯誤的，犯錯誤不是關鍵，關鍵在於我們能不能正視自己的錯誤，理性地分析自己的過錯，並在內心的世界裏，明白什麼是對的，什麼是應該做的。我們只有勇敢地承認錯誤，改正錯誤，才能夠安安心心走在明天裏，過著無悔的人生。

3 改過自新方為善

弘一法師很重視改過自新，對自我修養也有著深入的思考和總結，他曾爲想改過自新的人指出了方法，將「改過自新」分解爲「學、省、改」三個知行合一的步驟。

「學」即「知善惡」。須先多讀佛書、儒書，詳知善惡之區別及改過遷善之法。倘因佛儒諸書浩如煙海，無力遍讀，而亦難於瞭解者，可以先讀《格言聯璧》一部。

「省」即「自省察」。既已學矣，須常常自己省察，所有一言一動，爲善歟，爲惡歟？若爲惡者，即當痛改。除時時注意改過之外，又於每日臨睡時，再將一日所行之事，詳細思之。能每日寫錄日記，尤善。

「改」即「改過失」。省察以後，若知是過，即力改之。諸君應知改過之事，乃是十分光明磊落，足以表示偉大之人格。

子貢說：「君子之過也，如日月之食焉；過也人皆見之，更也人皆仰之。」

從前，有一個負責地方錢糧徵收的官吏，名叫趙玄壇。此人為人歹毒，每到一戶人家，就要該戶殺雞給他吃，不然，就要多收錢糧，並拳腳相加，百姓對他是敢怒而不敢言。

一天，趙玄壇來到一戶人家，要求殺雞給他吃，可是該戶人家只有一隻母雞和一窩小雞，他認為母雞無法吃，也只好作罷。

於是這戶人家開始在小風爐裏煮竹筍給他吃，正當竹筍下鍋的時候，突然母雞飛上風爐，將鍋打翻，趙玄壇想吃筍也不成，母雞也被火燒去了許多雞毛。

趙玄壇非常納悶，風爐上生了火，母雞敢冒著生命危險打翻鍋子，此事一定有蹊蹺，便問主家筍從何而來。主家帶他來到挖筍的竹林，找到了出筍的地方，只見一條蘄蛇（本地最毒之蛇）盤在原處。他當即淚雨如飛，對天而跪，仰歎道：「天要亡我，又何救我！」原來，老天派出蘄蛇來咬竹筍，噴上毒液，欲置他於死地，可母雞不計前嫌，大仁大義，奮不顧身，救了他一命。

從此以後，趙玄壇辭去了錢糧官一職，決心遁入空門，修心為善。他來到一個小庵，此庵原有一老和尚，非常清貧，對徒弟也非常嚴格，規定需七天才燒一次飯，七天只能吃一餐，趙玄壇就這樣跟著師傅度過了二十一年，嚴守清規，替周圍的村民做了不少好事。

一天又到了做飯的日子，山中大霧瀰漫，由於多日未生火，已無火種，只好出去借火種。來到方山嶺村，由於多日未吃飯，村民看到趙玄壇師傅身體虛弱，給了他一團糯米飯，並借給了火種，讓他回庵裏去。但他首先想到老和尚已多日未吃，快要餓死了，就快步返回，當他在近庵處，忽然見一隻老虎撲面而來。人說向佛之人不怕虎，果然，趙玄壇平靜地對老虎說：「畜生，汝若食我即張嘴，待將飯食予了師傅，自會鑽入汝之大口。」虎搖頭。

趙玄壇又說：「畜生，汝若作我之坐騎即伏，待將飯食予了師傅，即來騎。」當即，虎伏下，點頭。

趙玄壇快速將糯米飯給了師傅，並生了火，來到老虎身邊，騎上了老虎。頓時，霧氣騰升，光芒四射，老虎騰空而起，升入天空，爾後，不見蹤影。其師傅來到門外，對著天空說：「阿彌陀佛！終於度你成佛了。」

「放下屠刀，立地成佛」，「苦海無邊，回頭是岸」，這些佛教用語說明，一個人犯了錯誤，只要其真心悔改，仍然能成為好人。人非聖賢，孰能無過。有了過錯就要以正確的態度對待，就像弘一法師指出的「過要細心檢點」。

一個有道德的人，不怕公開承認自己的錯誤，因為他有公開改正自己錯誤的勇氣。公開承認錯誤不僅不會降低他的威信，反而會讓他贏得更多人的愛戴。我們在吸取古人改正過錯的認識的同時，要經常反省自己，檢點自己，有錯即改。

一個人只要能認識到自己的錯誤，並有決心能改正過來，那麼他心中還是有善的存在的。人不怕犯錯，就怕有錯不改。一個冥頑不靈，知錯不改的人，永遠受人們唾棄。一個知道改正自己錯誤的人，能減少內心的煎熬與煩惱，從而使內心平靜，於身心都有益處。

4 常常失敗常常悟

弘一法師說：「我的性情是很特別的，我只希望我的事情失敗，因爲事情失敗才能使我常常發大慚愧！曉得自己的德行欠缺，自己的修善不足，我才可努力用功，改過遷善！」

弘一法師認爲，一個人如果事情做得完滿了，那麼這個人就會洋洋得意，就會產生貢高我慢的念頭，生出種種的過失來！所以，還是不去希望完滿的好！

失敗能讓人發現自己的不足。失敗一定是有原因的，一個人如果能靜下心來，認識分析自己失敗的原因，吸取教訓，並找出彌補的方法，那麼就會爲他下一步的成功打下基礎。

失敗並不可怕，可怕的是被失敗打倒。只有具備堅強的韌性，敢於挑戰，敢於失敗的人，才有資格成功。沒有遭受失敗並不是一件值得炫耀的事情，相反，那是一種悲哀。

有的人，在爲成功打拚的路上，並不缺乏拚搏的熱情，也不缺乏不畏挫折、堅持到底的恒心，然而在被失敗打倒後，他們往往喪失了進取心，在失敗與挫折面前低下了頭，彎下了腰，最終也只能與失敗爲伍。民間諺語「一朝被蛇咬，十年怕井繩」說的就是這種人。

有位名人說過：「失敗絕不會是致命的，除非你認輸。」在失敗面前一蹶不振，成爲讓失敗一次性打垮的懦夫，此爲無勇無智之輩；在遭受失敗的打擊後不知反省，不善於總結經驗，任憑一腔熱血猛衝猛撞，要麼頭破血流，要麼事倍功半，即便成功，亦如曇花一現，此爲有勇無智之人；在遭受失敗的打擊後，能夠審時度勢，調整自我，在時機與實力兼備的情況下再度出擊，勇往直前，直達勝利，這才是智勇雙全的成功之士。

威靈頓指揮的同盟大軍在拿破崙面前一敗再敗。在一次大決戰中，同盟軍再次遭受慘重的失敗。威靈頓殺出一條血路，率領小股軍隊衝破包圍，逃到了一個山莊裏。在那裏，威靈頓疲憊不堪，想到今天的慘敗，頓時悲從心來，想一死了之。

正當威靈頓愁容滿面、痛恨不已時，他發現牆角有一隻蜘蛛在結網。也許是因為絲線太柔嫩，剛剛拉到牆角一邊的絲線，被風一吹就斷了。蜘蛛又重新忙了起來，但新的網還是沒有結成。

威靈頓望著這隻失敗的蜘蛛，不禁又想起自己的失敗，更加唏噓不已，心中多了幾分悲涼。但蜘蛛並沒有放棄，牠又開始了第三次結網。威靈頓靜靜地看著，蜘蛛的這次努力依然以失敗告終，但牠絲毫沒有放棄的意思，又開始了新的忙碌。牠就這樣來回忙碌著。

蜘蛛失敗了六次後。威靈頓想：該放棄了吧？但出人意料的是，蜘蛛沒有放棄，牠仍舊在原處，不慌不忙地吐出絲，然後爬向另一頭。第七次，蜘蛛網終於結成了！

威靈頓看到這一切，不禁潸然淚下，他被蜘蛛越挫越勇、永不放棄的精神深深地感動了。他朝蜘蛛深深地鞠了一躬，然而迅速地走了出去。

威靈頓走出了悲痛與失敗的陰影。他奮勇而起，激勵士氣，迅速集結被衝垮的部隊，終於在滑鐵盧一戰，大敗拿破崙，取得了決定性的勝利。

困難最能鍛煉人，失敗最能清醒人。小敗使人小醒，大敗使人大醒；困難使人堅強，失敗使人聰明。每一個人都是我們的導師，無論他是朋友還是敵人；每一種經歷都是我們的收穫，無論它是成功還是失敗。失敗使人探索，探索使人成功。

牛頓說：「如果你問一個善於溜冰的人怎樣獲得成功，他會告訴你說：『跌倒了再爬起來，這就是成功。』」

5 以品德去感召他人

弘一法師說：「唯具超方眼目，不被時流籠罩者，堪立千古品格。」作爲一代宗師，弘一法師的一言一行都是人們學習的榜樣，其獨特的人格魅力影響深遠。

弘一法師追求真理、熱愛祖國的執著精神，爲了理想事業全身心投入的認真精神，重視修身和「士先器識而後文藝」的人品觀、文藝觀，以極高、極嚴的標準律己，用言行一致的身教示人的自律精神，謙遜質樸、不務虛名的處世態度，都是法師留給人們的寶貴精神財富，至今仍閃爍著真理的光輝，體現著哲人的力量。

一個人是否成功，除了要看他所取得的成就以外，還要看他的品德。很多時候，品德往往比成就更重要。品德優秀的人，即使沒能取得巨大的成就，也值得人們敬仰；而取得巨大成就，但品德低劣的人同樣會讓人瞧不起。弘一法師是既取得了巨大成就又有著高尚品德的人。

弘一法師常常教誨學生，不僅要認真學習各學科文化知識，更要重視修身養性、砥礪品行。他說：「應使文藝以人傳，不可人以文藝傳。」弘一法師重視修身和人品，並以高尚的弘一法師在檀林福林寺修行時，當地有一個叫杜培材的醫生，非常仰慕他的才學，經常去寺裏謁見法師，並請教一些宗教信仰、人生哲理的問題。

有一天，弘一法師讓侍者給杜培材送去善信供養的西藥、中藥等十幾種，拜託杜醫生將這些藥分給那些確實需要而又無錢購買的病人。當時交通中斷，西藥之類的進口物資很是缺乏，因此市場上價格非常昂貴。

杜培材收到藥之後，非常感動，他給弘一法師寫了一封信，以表達自己的感動與慚愧之情。

杜培材在信中說：「現在社會，很多人都認為醫生不過是靠自己的技術過生活的人，與其他職業沒有什麼分別，也談不上什麼『本我婆心，登彼壽域』，更談不上什麼『濟世為懷』。由於法師的這次饋贈，我希望良好會驅使我，將我既往的卑鄙，從前的罪惡，在盡可能的範圍內改正過來，學習法師『慈念眾生』的慈悲心，把真正『關懷民瘼』的精神培養起來。去實行法師去年贈給我的『不為自己求安樂，但願眾生得離苦』的德言。這樣，我在精神方面的受惠，將超過物質方面萬倍……」

弘一法師的高尚品德，激發了杜培材的良心，並感染了他，使他對人生的價值有了深刻的認識。

弘一法師贈給杜培材一聯做酬答：「安寧萬邦，正需良藥；人我一相，乃為大慈善。」

杜培材從此一改過去的作風，仁心仁術，聲名遠播。

當今社會經濟發展迅速，但精神文明建設並未同步。人們生活在浮躁煩惱之中。弘一法師的高尚品德一旦爲人們認同、效法，必當大有益處，將有助於社會主義精神文明建設。

人們提起弘一法師時，仍會油然生出一種肅然敬仰之情。對於一位文化名人，又或是得道高僧，人們敬佩他、景仰他，自然是各有各的視角，各有各的理由。但是，敬重弘一法師的高尚品德卻是共識。他特立獨行的形象至今仍然印在人們的心中，他的種種遺著至今仍然爲人們珍視，他的處處遺跡至今仍然爲人們瞻仰。

社會在進步，但遺憾的是，人們的道德水準和精神境界並沒有隨之得到應有的提高，有的領域甚至有所降低。在追求物質利益的過程中，有的人卻違背市場經濟競爭規則，坑蒙拐騙、傾軋欺詐等不法行爲屢見不鮮，各式陷阱讓人防不勝防；還有的人在掌握了這樣或那樣的權力後，就忘記了爲人民服務的根本宗旨，以權謀私、假公濟私，鋃鐺入獄者聲名狼藉、遭人唾棄，仍行其道者利令智昏、迷途不返，前赴後繼。

我們要學習弘一法師那種高尚的品德，不僅要獨善其身，更要感召別人。

【第九課】

喜悅：找到心中盛開的蓮花

快樂不在於環境，在於心境
恬靜的心態才會開出蓮花
笑容總在雜念頓起時消失
永遠保有天真之心
心中有佛，處處是佛

1 快樂不在於環境，在於心境

弘一法師在談自己的人生感悟時，多次提到「空靈」二字，他所說的「空靈」是指心境的清靜平淡和身心的輕鬆快樂。只要心境清靜平淡，不管處於什麼環境中，都會倍感身心輕鬆快樂。

弘一法師出家後，生活得很清苦，當飯菜太鹹時，他說鹹有鹹的味道；當他住的小旅館有臭蟲，別人提出爲他換一間時，他說只不過幾隻而已。在修行的過程中，他始終是自得其樂。

我們雖然改變不了環境，但可以改變自己的心境；我們雖然改變不了別人，但可以改變自己。生活就是這樣，你對它笑，它會對你笑；你對它哭，它會對你哭。

一位哲人單身時，和幾個朋友同住在一間只有七八平方米的小房子裏，他平時總是樂呵呵的。

有人問他：「那麼多人擠在一起，有什麼可高興的？」

哲人說：「朋友們住在一起，隨時可以交流思想、交流感情，這難道不是一件值得高興的事情嗎？」

過了一段時間，朋友們都成了家，先後搬了出去，屋內只剩下他一個人，但他每天仍非常快樂。

又有人問他：「你一個人孤孤單單的，有什麼好高興的？」

他說：「我有很多書啊。每一本書都是一位老師，和這些老師在一起，可以隨時請教，這怎麼能不令人高興呢？」

幾年後，這位哲人成了家，搬進了大樓，他住在一樓，每天依舊一副其樂融融的樣子。

有人便問：「你住這樣的房子還能快樂嗎？」

哲人說：「一樓多好啊！進門就是家，搬東西很方便，朋友來訪很方便……特別讓我滿意的是，可以在空地上養花、種草。這些樂趣真好呀！」

又過了一年，這位哲人把一樓讓給一位家裏有偏癱老人的朋友，自己搬到樓房的最高層，而他仍是快快樂樂的。

朋友問他：「先生，住頂樓有哪些好處？」

他說：「好處多著呢！每天上下樓幾次，有利於身體健康；看書、寫文章光線好；沒有人在頭頂上干擾，白天黑夜都安靜。」

正如柏拉圖所說：「決定一個人心情的，不在於環境，而在於心境。」心境好了，便會產生「情人眼裏出西施」之妙，把一樹看作一菩提，把一花看作一天堂，把一沙看作一世界，把一水看作一汪洋。這時，環境早已經不重要了。

民間流傳著這樣一句話，「人生在世，高薪不如高位，高位不如高壽，高壽不如高興」。既然我們改變不了環境，那麼就去改變自己的心境。人生的快樂，在於一種心境。

有一句話說得好：「即使是在灰色的背景下，我們也要有豔陽花的微笑，野草的生活態度。」一時刻留一份好心情給自己，只要用心去找快樂，快樂便會如風般跟著你，幸福也會如影般與你相隨。

順境可以讓人成功，但也容易讓人墮落；逆境可以讓人沮喪，但也能激人奮進。其關鍵在於心而不在於境。讓心境和環境相適應，讓環境做土壤，讓心境作種子，自然會開出美麗的心情之花。不論在怎樣的環境之中，只要保持一個積極樂觀的心境，就會獲得充實而輕鬆的心情。

2 恬靜的心態才會開出蓮花

弘一法師說：「寡欲故靜，有主則虛。」意思是說，不為外物所動之謂靜，不為外物所實之謂虛。清心寡欲，保持內心平靜，自己有主見，才能虛心求教。弘一法師說「寡欲故靜」，寡欲者大都淡泊名利，注重內心的修養而不為外物所累，因而能夠在紅塵中做到「恬靜」。欲望是人們一切活動的根源，當我們有欲望的時候，我們就會為了滿足欲望而蠢蠢欲動，這樣內心就不會「恬靜」。

恬靜，是內心清靜而無雜念，保持思緒寧靜、神氣清靈是修行的重要途徑。外在的東西只能滿足我們一時的虛榮，卻耗費了我們大量精力，追求這些東西是非常不值得的。如果你一味地去追求，那你就被貪婪的枷鎖牢牢鎖住了。

弘一法師是一位清心寡欲、淡泊名利的人，他的內心一片恬靜，很少有世俗的雜念。他以自己崇高而又善良的思想去看待這個世界，外面的世界很難影響到他的思想。他博大的胸懷能容天下萬物，而思想又不被其左右。所以，弘一法師才能潛心鑽研佛法中最難的律宗，並成為一代宗師。

修行需要一個恬靜的心態，只有我們內心安靜，不為外物干擾，才會將精力投身於其中，才能真正得到修行的法門。內心清靜的人不為外物所動，一個修行的人，只有保持恬靜的心態，才能有所成就。

一個年輕人向拉比請教修行的法門，拉比對他說：「你去釣魚吧，釣魚可以使你心靜下來，等你釣上來魚的時候，我就告訴你修行的法門。」

年輕人興沖沖地跑到河邊釣魚。起初，年輕人還可以耐心地等待魚兒上鉤，但是過了很久，他仍然一條魚都沒有釣到。後來他實在是等不下去了，就換了一個地點繼續釣魚，然而還是沒有釣上魚來。

這個時候，天下雨了，年輕人匆匆忙忙地跑到一個涼亭下躲雨。過了一會兒，雨停了，年輕人發現雨後的山上，景色迷人，於是他便信步遊蕩於山間。眼看太陽西下，年輕人才驚覺自己沒有釣上魚來。

回去之後，拉比問年輕人有沒有釣上魚來，年輕人慚愧地說：「沒有。」

拉比說：「你心中掛念的事情很多，起初你釣魚是為了讓我告訴你修行的法門，然而你缺乏耐心，因此不停地更換地點。當下雨的時候，你立刻就躲了起來，這說明你沒有意志。雨停之後，你發現了比釣魚更好的事情，因此你徹底忘掉了修行的事情，去欣賞山中美景。這說明，你自己並不知道自己想要什麼，修行也不是你想要的，你下山去吧。」

人在恬靜的狀態下，就會冷靜地正視自己，明智地發現自己的不足；就會謙遜好學，不做「聰明人」；就會嚴格要求自己，能夠經常從工作和生活中獲得快樂。

人一旦內心一不恬靜，就容易煩躁。而人在煩躁的狀態下，就會昏暗地看待自己，甚至過分地恃才自傲，就會不思上進、胡亂攀比，就會以聰明人自居，常常是和自己或者和別人過不去。

恬靜的心態還在於不以抱怨之心來生活，不以貪婪之心來苛求身外之物。人的物質欲望是無窮的，人的生命又是有限的。一個人要是貪占天下所有的東西，災難就要來了。

古人說：「以德遺後者昌，以財遺後者亡。」一個人要順其自然地，平淡地看待物質的享受，得之無喜色，失之無悔色。一個平淡地對待自己生活的人，可能會在生活中得到意外的驚喜。

如果一個人內心不恬靜，遇到一言不合，馬上就會勃然大怒，心裏總不平衡，人生就會痛苦萬分，就會煩惱不盡。所以，保持恬靜的心態能夠使人快樂和幸福。

古人說：「把心靜下來，什麼也不去想，就沒有煩惱了。」心性如水，如若水裏沒有任何雜質，就能長久潔淨；如若水中放入酸甜苦辣，水就會很快變質。人的思想亦是如此，想法越多越複雜，心靈就容易渾濁。而淡然於現實、坦然於苦樂，活得恬靜優雅的人，心靈就能保持潔淨。當你抱怨世界污濁，生活灰暗時，其實是你的心靈之水變髒了。

恐懼不會產生智慧，只有恬靜的心境才會盛開智慧的蓮花。私欲使人患得患失，使人身不由己。保持一個恬靜的心態，睡夢也安靜香甜。

恬靜是一種智慧，是對自己思想的昇華。在紛紛擾擾的世事當中，能擁有一份恬靜的心態，正是對自己靈魂的一種安慰，也是對自己命運的一種負責。

恬靜是一種專注，是對自己生命的尊敬。在大眾浮躁心態流行的時候，保持一顆恬靜的心，擁有一份恬靜的心態，就能夠安心地學習、工作與生活，何樂而不爲。

恬靜還是一種深情，是對自己生活的熱愛。恬靜更是一種自然，一種豁達，是對自己人生的信任。擁有一顆恬靜的心，你就能超越一切，樂觀處事，完成對自己心靈的洗禮。

3 笑容總在雜念頓起時消失

一個人一旦心中有了欲望，就容易產生貪念。所求的越多，所貪也越多，心中的雜念也跟著越多。人若在欲望中迷失，就會生出許多煩惱，快樂就會離他遠去，而笑容將從此與他告別。

弘一法師心中沒有世俗欲望，也沒有私心雜念。他的一生不求名，不求利。別人讚揚他，他不接受；別人供養的錢財，他也不貪占一毫。他一生沒有剃度弟子，而全國僧眾多欽服他的教化。他一生也不曾擔任寺中住持、監院等職，而全國寺院多蒙其護法。弘一法師沒有私欲，盡力佈施，愛惜一切，心自空明，得到人們的信任與尊敬。由於弘一法師沒有私心雜念，能放下一切，所以就少了很多煩惱。

人之所以不快樂，就是因爲心中有太多的雜念。一個人能達到心靜的境界，就不會迷茫，很多人做不到，是因爲世上有太多的誘惑和煩瑣。雖然不可能完全拋開世間的一切，但是也要盡力做到不被外界環境所干擾。

一日，一位受人尊敬的拉比正在院子裏鋤草，迎面走過來三位信徒，向他施禮。

三位信徒說道：「都說佛教能夠解除人生的痛苦，但我們信佛多年，卻並不覺得快樂，這是怎麼回事呢？」

拉比放下了鋤頭，安詳地看著他們說：「想快樂並不難，首先要弄明白為什麼活著。」

三位信徒你看看我，我看看你，都沒料到拉比會提出這樣的問題。

過了片刻，甲說：「人總不能死吧！死亡太可怕了，所以人要活著。」

乙說：「我現在拚命地勞動，就是為了老的時候能夠享受到糧食滿倉、子孫滿堂的生活。」

丙說：「我可沒你那麼高的奢望。我必須活著，否則一家老小靠誰養活呢？」

拉比笑著說：「怪不得你們得不到快樂，你們想到的只是死亡、年老、被迫勞動，不是理想、信念和責任。沒有理想、信念和責任的生活當然不會覺得快樂。」

信徒們不以為然地說：「理想、信念和責任，說說倒是很容易，但總不能當飯吃吧！」

拉比說：「那你們說，有了什麼才能快樂呢？」

甲說：「有了權力，就有一切，就能快樂。」

乙說：「愛情吧，有了愛情，才有快樂。」

丙說：「是金錢，有了金錢，就能快樂。」

拉比說：「那我提個問題。為什麼有人有了權力卻很煩惱，有了愛情卻很痛苦，有了金錢卻很憂慮呢？」

信徒們無言以對。

拉比說：「理想、信念和責任並不空洞，體現在每時每刻的生活中。必須改變生活的觀念、態度，生活才能有所變化。名譽要服務於大眾，才有快樂；愛情要奉獻於他人，才有意義；金錢要佈施於窮人，才有價值，這種生活才是真正快樂的生活。」

人生本來就有許多憂愁煩惱，如果雜念太多，等於給自己又加上了一些額外的精神負擔，就會累得自己一生都直不起腰來。只有把強加在自己身上的負擔卸下來，才能找到真正的快樂和心靈的歸宿。

人們很難做到一心一用，他們在利害得失中穿梭，囿於浮華、寵辱，產生了種種思量和千般妄想。一個人只有心無雜念，將功名利祿看穿，將勝負成敗看透，將毀譽得失看破，才能在任何場合放鬆自然，保持最佳的心理狀態，充分發揮自己的水準，施展自己的才學，從中實現完滿的「自我」。

在塵世中生活，我們總是要面對很多的誘惑，這些誘惑羈絆了我們的一生，名與利是這些誘惑中最可怕的兩種。一個人若是癡纏於名利，那麼名利就會佔據他生活的全部，當這種想法被無限制放大之後，他將無法感知生活樂趣。

名利還有一點最可怕，那就是他一旦進入人的內心就無法滿足，即使我們能夠求得名利，依然也難以體驗到生活的快樂。因爲我們的名利之心還在作祟，它鼓動我們再去爭取更多更大的名利。

生活是自己的，它是痛苦還是快樂全由自己決定。當我們能夠看破名利，心中無所牽絆的時候，任何一種生活對於我們來說都是幸福的。

莊子說：「至人無己，神人無功，聖人無名。」高人忘卻自我，神人忘卻功業，聖人忘卻名利。一個人若是不能拋棄名利之心，那麼必然難以靜下心來修身養性，自然也就不能達到聖人的境界。我們凡人不求達到聖人的境界，只求能夠心安，能夠擺脫名利的桎梏，超脫生活的痛苦，尋找生活的快樂。

4 永遠保有天真之心

人的心智在改變，我們周遭的環境也一直在改變，而外在環境的變化會直接影響到人們心智的變化。在外在環境如此的影響力中，必須保持心靈的純淨，以達到心境的和諧。只有保持心靈的純淨，才能保有天真之心。

有一天，百丈懷海禪師陪馬祖道一散步，路上聽到野鴨的叫聲。

馬祖問：「是什麼聲音？」

懷海答：「野鴨的叫聲。」

過了好久，馬祖又問：「剛才的聲音哪裏去了？」

懷海答：「飛過去了。」

馬祖回過頭來，用力擰著懷海的鼻子，懷海痛得大叫起來。

馬祖道：「再說飛過去！」

懷海一聽，立即醒悟，卻回到侍者宿舍裏痛哭起來。

同舍問：「你想父母了嗎？」
答：「不是。」
又問：「被人家罵了嗎？」
「也不是。」
「那你哭什麼？」
懷海說：「我的鼻子被馬祖大師擰痛了，痛得不行。」
同舍問：「有什麼機緣不契合嗎？」
懷海說：「你去問他去吧。」
同舍就去問馬祖大師：「懷海侍者有什麼機緣不契合？他在宿舍裏哭。請大師對我說說。」
大師說：「他已經悟了，你自己去問他。」
他回到宿舍後，說：「大師說你悟了，叫我來問你。」
懷海呵呵大笑。
同舍問：「剛才哭，現在為什麼卻笑？」
懷海說：「剛才哭，現在笑。」
同舍更迷惑不解。於是懷海做了這樣一首詩：
「靈光獨耀，迥脫根塵。
體露真常，不拘文字。

心性無染，本身圓成。
但離妄緣，即如如佛。」
意思是說：靈光獨自閃耀，就可以脫離塵世的牽累；
本性顯露、真理永恆，無須拘泥於語言文字；
心性清淨，沒有污染，本來就已圓滿完成。
所以只要遠離虛妄塵緣，就可以覺悟。

心地純淨，沒有污染，悠然地活在平凡的人間，並體悟到常人不能體悟到的美麗，縱然流淚和歡笑，亦是抒發對生命的感動。

當心靈漸趨純淨，那顆純淨心靈外顯的行爲是良善、道德的。它使自己及他人受益，這就是所謂的戒。它讓自己以及他人快樂，它爲自己也爲他人帶來幸福、安詳與和諧。如果我們保有天真之心，不僅僅感到快樂，幸福也會到來。相反，當心變得不純淨，心將爲不淨煩惱所苦。

心的不純淨，只會因它的不善行爲而導致不快樂，它是造成自己及他人悲傷痛苦的原因。不僅我們自己受到痛苦的煎熬，也將我們的痛苦散佈給他人。一顆不純淨心的行爲，只會製造出苦難、悲傷和極度的苦惱。

然而由於外在物質環境對心性的污染，使得人的內心充滿了對物質的欲望，以及因之而起的不安、焦慮等負面情緒，人的內心不再寧靜，也無法達到和諧的效果，而這一切都是因物質過度發展的結果。所以我們必須要能夠修正這樣的污染，使我們內心純淨，就像蓮花，生長在污泥中卻不受污染。

當心靈純淨時，自然不會有不善的行爲，自然不會對任何人造成傷害，也不會替自己或替他人帶來任何悲傷。純淨的心本身充滿了安詳、滿足，也能爲他人帶來安詳、滿足。

純淨心靈的本質，是普遍性的。內心純淨，保有天真之心，生活將會改變，變得寧靜祥和、內心安適。

5 心中有佛，處處是佛

弘一法師無時無刻不在呼籲世人，要把善良、慈悲放在心間，所謂「心中有佛，處處是佛」。世間的萬事萬物，都值得我們去憐憫。法師是個非常謙虛的人。「看一切人皆是菩薩，唯我一人實是凡夫。」因爲弘一法師心中有佛，所以看到一切皆是佛。

一個人乾不乾淨，不是看他的外表是否光鮮，而在於他的內心是否純淨。在心靈純淨的人眼中，整個世界都是純淨的；而在心理陰暗的人眼中，全世界都是骯髒的。

生命的寬度取決於心靈的亮度。心胸狹窄的人，連自己都裝不下；心胸敞亮的人則可以放得下整個世界。生活的品質取決於人生的態度，心中有陽光，生活便處處都燦爛；心中有愛，生活便處處有溫暖；心中有善，生活便處處是善；心中有佛，生活便處處是佛。

一日，佛印禪師教蘇東坡坐禪。

身著大袍，坐在佛印禪師對面的蘇東坡腦子一轉，忽然問：「和尚，你看我坐著像個什麼？」

「像尊佛！」佛印禪師不假思索地答道。

蘇東坡聽罷，如食甘飴，心裏甜蜜蜜的。

這時佛印禪師又反問：「你看我像什麼？」

蘇東坡見佛印禪師頭戴黑色的禪帽，身披黑色的袈裟，婆娑於地，心想「復仇」的機會到了。

於是，他半瞇著眼睛連譏帶諷地答道：「像一堆牛糞。」

蘇東坡答完，暗暗地偷窺佛印禪師，看他會有什麼反應。然而出乎他意料的是，佛印禪師依然眼觀鼻、鼻觀心地默默端坐著。

蘇東坡頓時飄飄然，歸來後便眉飛色舞地把自己的「收穫」告知其妹，準備再收穫些溢美之詞。

蘇小妹咯咯地笑了起來，說：「哥哥，你以為你討巧了？」不等蘇東坡言語，她又接著說道：「萬法唯心，心外無法。哥哥！師父心裏想的是佛，所以他看你像佛，哥哥你心裏想的是牛糞，所以你看師父像牛糞。」

經蘇小妹一指出，蘇東坡恍然大悟，慚愧不已。

心中有佛，就是心中有善念。而善念就是悲天憫人，就是推己及人，就是眾生平等，就是造福大眾。心中有佛就是心中有他人。愛己之心、自私之心人人都有，關鍵是如何去克制。孔子說：「己所不欲，勿施於人。」要與他人和諧相處，就要爲人真誠，待人友善。

一位少年去拜訪一位禪師。

他問禪師：「我怎樣才能成為一個自己快樂，也能帶給別人快樂的人？」

禪師說：「送你四句話：『把自己當別人，把別人當自己，把別人當別人，把自己當自己。』」

禪師所說的就是「心中有佛，處處有佛」。

善良是一種難得的品質，是人性中的至純至美，一切僞善、奸笑、冷酷、痲木在它面前都會退避三舍，任何頑固的醜惡都只能在陰暗的角落裏對善良咬牙切齒。一個真正成佛的人，不是無情的人，相反，卻是用情最深的人，這種情就是大慈大悲的濟世之情。

【第十課】

惜福：
十分福氣，享受三分

縱有福氣，也要加以愛惜
一衣一食，當思來之不易
厚植善因，必收福報
無論順境逆境，都懂得感恩

1 縱有福氣，也要加以愛惜

弘一法師說：「惜是愛惜，福是福氣。我們縱使有福氣，也要加以愛惜。佛法的末法時代，人的福氣是很薄的，若不愛惜，將這很薄的福享盡了，就要受莫大的痛苦。我們即使有十分的福氣，也只好享受三分，所餘可以留到以後去享受。諸位要是能發善心，願以自己的福氣，佈施一切眾生，共同享受，就更好了。」

弘一法師是位惜福之人，因為從小受到家庭教育的薰陶，他對一切事物都很珍惜。

弘一法師說：「我因為有這樣的家庭教育，深深地印在腦裏，後來年紀大了，也沒一時不愛惜衣食；就是出家以後，一直到現在，也還保守著這樣的習慣。諸位請看我腳上穿的一雙黃鞋子，還是一九二〇年在杭州的時候，一位打念佛七的出家人送給我的。若諸位有空，可以到我房間裏來看看，我的棉被面子，還是出家以前所用的；又有一把洋傘，也是一九一一年買的。這些東西，即使有破爛的地方，請人用針線縫縫，仍舊同新的一樣了。簡直可盡我形壽受用著哩！不過，我所穿的小衫褲和羅漢草鞋一類的東西，卻須五六年一換。除此以外，一切衣物，大都是在家時候或是初出家時候製的。」

弘一法師認爲自己福薄，好的東西沒有膽量受用。別人送給他好的衣服和珍貴之物，他大半都轉送別人。對吃的東西，他更是沒有什麼要求，只是在生病時會吃一些好的。

古時候，雪峰禪師和欽山禪師一起在溪邊洗腳。欽山見水中漂有菜葉，很是歡喜地說：「這山中一定有道人，我們可以沿著溪流去尋訪。」

雪峰回答他：「你眼光太差，以後如何辨人？他如此不惜福，為什麼要居山！」

入山後果然沒有名僧。

印光法師是弘一法師的師父，印光法師提倡惜福。

弘一法師說：「惜福並不是我一個人的主張，就是淨土宗大德印光老法師也是這樣，有人送他白木耳等補品，他自己總不願意吃，轉送到觀宗寺去供養諦閑法師。」

別人問他：「法師，您爲什麼不吃好的補品？」

弘一法師說：「我福氣很薄，不堪消受。」

弘一法師講過這樣一個故事。

印光法師是性情剛直的人，平常對人只問理之當不當，情面是從來不顧的。

前幾年有一位皈依弟子，是鼓浪嶼有名的居士，他去看望印光老法師，與其一道吃飯。

這位居士先吃好，印光老法師見他碗裏剩落了一兩粒米飯，於是就很不客氣地大聲呵斥道：「你有多大福氣，可以這樣隨便糟蹋飯粒？你得把它吃光！」

有人認爲，人生在世，應當好好享受，必須擁有豪宅名車、高檔電器等，如果沒有這些物質享受，人生還有什麼意義！此言差矣，首先我們應當辨別哪些是生活所需，哪些又與生活毫無關係。身爲欲界人類，雖然不能缺少衣、食、住、行，但是普通的飲食、衣服，就足以保證生存，身高不到兩米，也用不了多大的空間。

所以弘一法師說：「末法時代，人的福氣是很微薄的，切不可把它浪費。就是我們縱有福氣，也要加以愛惜，若不愛惜，將這很薄的福享盡了，就要受莫大的痛苦，即古人所說的『樂極生悲』。」

明朝有兩個太學生，不僅同年、同月、同日出生，而且同年發解，同日授官，一個出任黃州教授，另一個出任鄂州教授。

後來黃州教授死了，鄂州教授聽到消息後，心想自己的大限也應該到了，就趕緊寫好遺囑，吩咐後事。

誰知過了好幾天，都沒有出事，他感到不解，就動身到黃州去弔唁老友。

他對著黃州教授的靈位說：「我跟您同年同月同日出生，一生的命運也完全相同，您現在已經走了，而我至今仍安然無恙，這是什麼原因呢？命運到底是怎麼一回事？您如果泉下有知，就請托夢告訴我吧。」

那天夜裏，鄂州教授果然夢見了黃州教授，黃州教授說：「我出生在富貴的家庭裏，享用過於奢侈，命中固有的福祿已經享完了，所以壽命短促。而你出身貧寒，平日省吃儉用，細水長流，命中的福祿還沒有享盡，所以長壽。」

鄂州教授恍然大悟，從此以後更加刻苦自勵，絲毫不敢貪圖安逸和享樂，後來做到郡守。

只有惜福的人能習於勞動，持守戒律，自我尊重。因此，惜福是佛徒的第一件事，不能惜福則不能言及其他。現實生活中的很多人也是這樣，我們什麼時候見過一個耽溺酒色、縱情縱欲的人能夠活得健康而長壽的。惜福不是少福，而是惜福得福，這就是爲什麼平淡之人能常享高壽的原因了。

如果人把一切精力都用於追求生活享受，把它當成生命的意義，那麼人和動物又有什麼分別？人若不能控制自己的欲望，不懂得珍惜福氣，就無法集中精力做事情，這樣活著不過是在浪費生命而已。人不但自己要懂得惜福，還要教育子女惜福，爲子女而惜福。

2 一衣一食，當思來之不易

弘一法師輯錄過這樣一句話：「宜靜默，宜從容，宜謹嚴，宜儉約。」靜默、從容、謹嚴、儉約都是我們今天應該學習的品質。勤儉節約本是中華民族的傳統美德，現在卻有很多人做不到，這是令人擔憂的事。

生活條件好了，物質豐富了，然而本身能享受到良好條件，卻堅持勤儉節約的人，卻變得少之又少，弘一法師是其中難得的一個，他的生活中，絕不允許有半點的奢侈與浪費。

弘一法師出生於富貴之家，平日的生活過得非常寬裕，然而出家後，他就完全變了，變得勤儉節約，戒絕一切奢靡。

弘一法師說：「我們出家人，用的東西都是施主施捨的，什麼東西都要愛惜，都要節儉。住的地方，只要有空氣，乾淨，就很好。用的東西只要可以用，不計較什麼精巧華麗。日中一食，樹下一宿，是出家人的本色。」

一九二四年，弘一法師在普陀山居住時，每天早上僅吃一大碗稀飯，而且連小菜都沒有。中午也僅是一碗飯，加上一碗普通的大眾菜。

弘一法師每次吃完飯都會用舌頭將碗舔一遍，將食物吃得乾乾淨淨。然後用開水沖入碗中，再喝下去，唯恐有剩餘的飯粒造成浪費。

西方哲學家梭羅說：「大多數所謂的豪華和舒適的生活不僅不是必不可少的，反而是人類進步的障礙。對此，有識之士更願選擇過比窮人還要簡單和粗陋的生活，因爲簡單和粗陋的生活有利於消除物質與生命本質之間的隔閡。爲了獲得圓滿無悔的一生，我們必須認清哪些是必須擁有的；哪些是可有可無的；哪些是必須丟棄的。」

現代社會，生活環境越來越好，物質財富越來越豐富。擁有的東西太多了，反而不知道珍惜，浪費便成了習慣，成了惡習。

《菜根譚》裏說：「能忍受粗茶淡飯的人，他們的操守多半都像冰一樣清純、玉一樣潔白；而講究穿華美衣服的人，他們多半都甘願做出卑躬屈膝的奴才面孔。因爲一個人的志氣要在清心寡欲的狀態下才能表現出來，而一個人的節操都是在貪圖物質享受中喪失殆盡的。」弘一法師的節儉，讓每一個人都深感敬佩。

在佛眼裏，今天的一切都是來之不易的，都是經過無數的因緣際會才有的最後結果，我們更應該去加倍珍惜。

3 厚植善因，必收福報

弘一法師對因果有自己的見解。他說：「吾人欲得諸事順遂，身心安樂之果報者，應先力修善業，以種善因。若一心求好果報，而決不肯種少許善因，是爲大誤。譬如農夫，欲得米穀，而不種田，人皆知其爲愚也。故吾人欲諸事順遂，身心安樂者，須努力培植善因。將來或遲或早，必得良好之果報。古人云：『禍福無不自己求之者』，即是此意也。」

弘一法師認爲，有些人的事情之所以做得順利，能得到很多人的幫助，是因爲他以前做過很多好事，也幫助過別人。

若想得到好的果報，就必須先有付出。正如農夫種地，想有好的收成，就必須不辭辛勞地種地。不僅得失如此，福禍也是如此，「塞翁失馬，焉知非福」。有的時候，缺憾反而會爲自己帶來益處，生活就是這樣一個因果福報的循環。

播種善因，收穫善果。「勿以善小而不爲，勿以惡小而爲之」，只要我們每天做一些力所能及的善行，將來必定收穫福報。

楚莊王有一次夜宴群臣，滿庭歌舞昇平，酒香飄溢，正在酣暢淋漓之際，一陣風吹過，燭火盡滅，頓時漆黑一片。

侍者趕忙尋找火器點燈，恰在這黑暗之時，楚莊王的愛妃悄悄拉了拉他的衣袖，耳語道：「剛才有人暗中對臣妾行為不軌，臣妾掙脫時順手扯掉了那個人帽頂的纓子。」顯然，燈亮此人將自曝其身。

「慢！」楚莊王立刻喝住點燈侍者，於黑暗中下令群臣拔掉各自帽上的纓子。燈亮之時，眾臣均相安無事，無纓而飲。

幾年後的一場大戰中，楚莊王困於絕境，身旁一猛將，死命拚殺，護駕突圍成功。

化險為夷之後，楚莊王躬身相謝，這個將領突然跪倒於地：「大王不知還記得否，幾年前卑臣一次酒後失禮，若非大王寬宏，臣早已是刀下之鬼了。」

弘一法師說：「我們要避凶得吉，消災得福，必須要厚植善因，努力改過遷善，將來才能夠獲得吉祥福德之好果。如果常作惡因，而要想免除凶禍災難，哪裏能夠得到呢？所以，第一要勸大眾深信因果，了知善惡報應，一絲一毫也不會差的。」

有的人信奉著「只管打掃門前雪，不管他人瓦上霜」，與己無關的事情絕對不會過問，也不與人結緣，這樣的人當然不會有好運氣。而有的人，只要行有餘力，就熱心助人，不求回報，好運會自然降臨，讓他平安順遂。想要有福報，就必須先播撒福報的種子，有善因才有善果，所謂「助人者，人恒助之」，多種一點善因，就能多收一點福報。

世間的得失與取捨關係都是相通的，都符合因果循環。生活中，有因必有果，種善因，得福報，有失才有得。想要取必須先給予，要想得福報，必須先種善因，有付出才能有回報。「取」與「予」之間並不是相互對立的，如果我們只是一味地想去索取，那麼，我們將活在地獄；倘若我們懂得「先予而後取」的道理，那麼我們便生活在天堂。

有人和佛陀談論天堂與地獄的問題。

佛陀對這個人說：「來吧，我讓你看看什麼是地獄。」

接著，他們走進一個房間，屋子裏有一群人正圍著一大鍋肉湯，他們每個人都有一把可以夠到鍋裏的湯勺，但湯勺的柄比他們的手臂還長，他們自己沒法把湯送到嘴裏。因此，每個人看起來都營養不良，一臉的絕望。

「來吧，我再讓你看看什麼是天堂。」

佛陀又把這個人領入另一個房間。這裏的一切和上一個房間沒什麼不同。一鍋湯、一群人、一樣的長柄湯勺，但大家都在快樂地歌唱。

「我不懂，」這個人說，「為什麼一樣的條件，他們很快樂，而另一個房間的人們卻很悲哀呢？」

佛陀微笑著說：「很簡單，在這裏他們會互餵別人。」

天堂與地獄的區別其實很簡單，生活在天堂裏的人知道「欲取先予」，而生活在地獄的人卻只懂得「各取所需」。可見，助人才能助己，生存就是生活，一個不懂得與他人合作的人，就等於把自己送進了地獄。

佛經上說：「善惡之報，如影隨形；三世因果，循環不失。此生空過，後悔無追！」所以，我們應該正視因果循環，厚植善因，必能得來福慧圓滿的生活。

我們不必羨慕別人的福報比我大，也不必研究別人的福報從哪裏來。

胡適之先生說：「要怎麼收穫，先要怎麼栽。」既然已經種下善因的種子，自然就能收到福報的果實。

4 無論順境逆境，都懂得感恩

弘一法師在泉州草庵生病的時候，有一位朋友給他寫了封慰問信，言辭十分懇切，字裏行間裏充滿了對他的關懷，而且落筆處還有其他朋友的祝福以及簽名。這一切讓病中的弘一法師十分感動，以至於很多年後，他依然常常爲此事而感謝他的朋友們。

當人們身處順境的時候，會很容易擁有感恩之情，然而真正的感恩並不只限於順境之中，在逆境中，我們同樣要去感恩。

感恩之心是我們每一個人都不可或缺的陽光雨露。無論你是何等尊貴，或是多麼卑微；無論你生活在何地何處，或是你有著怎樣的生活經歷，只要常懷感恩的心，就必然會不斷地湧動著諸如溫暖、自信、堅定、善良等美好的處世品格，而這一切又必將讓我們擁有一個豐富而充實的生命。

有一座寺院供奉著一尊觀音菩薩像，傳說此菩薩像有求必應，因此四面八方的人都前來祈禱膜拜，香火鼎盛，每天香客特別多。

一天，寺院的看門人對菩薩像說：「我真羨慕你呀！你每天輕輕鬆鬆，不發一言，就有這麼多人送來禮物，哪像我這麼辛苦，風吹日曬才能得個溫飽！」

這時，看門人聽到菩薩說：「好啊！我下來看門，把你換到神臺上去。但是有一條要記牢，不論你看到什麼、聽到什麼，都不許說一句話。」看門人覺得這個要求太簡單了，便欣然同意。

於是，觀音菩薩下來看門，看門人則上去當菩薩。這位看門人依照先前的約定，靜默不語，聆聽信眾的心聲。來往的人潮，絡繹不絕，他們的祈求，有合理的，有不合理的，簡直是千奇百怪。但無論如何，他都強忍下來，沒說一句話，因為他必須信守對菩薩的承諾。

有一天，來了一位富商，當富商祈禱完後，竟然忘記拿手邊錢袋便離去了。

接著來了一位三餐不繼的窮人，他祈求觀音菩薩能幫助它渡過生活的難關。當他要離去時，發現了先前那位富商留下的錢袋，打開袋子一看，裏面全是錢。

窮人高興得不得了，他嘴裏喃喃自語道：「觀音菩薩真好，有求必應。」然後萬分感謝地離去。

接下來來了一位要出海遠行的年輕人，他是來祈求觀音菩薩降福平安的。正當年輕人要離去時，先前丟錢的富商衝了進來，他抓住年輕人的衣襟，要年輕人還錢，年輕人不明就裏，兩人便吵了起來。

這個時候，看門人終於忍不住，便開口說話了，向他們講清了事情原由。既然事情已經清楚了，富商便去找看門人所形容的窮人，而年輕人則匆匆離去，生怕搭不上這班船了。

這時，真正的觀音菩薩出現了，他指著神臺上的看門人說：「你快給我下來吧！那個位置你沒有資格幹了。」

看門人說：「我把真相說出來，主持公道，難道不對嗎？」

觀音菩薩說：「你錯了。富商並不缺錢，可是對那窮人來說，那些錢能挽回一家大小的生計；最可憐的是那位年輕的信佛弟子，如果富商一直糾纏他，延誤了他出海的時間，他還能保住一條性命，而現在他所搭乘的船正沉入海中。事實上，很多事情，我們在過了一段時日之後，再回過頭看看，才會發現，當初我們認為最好的安排，其實並不是最好的，甚至那所謂的最好的安排，可能造成了最差的結局。因此我們必須相信：當前我們所擁有的，不論是順境還是逆境，都是對我們最好的安排。」

人們都渴望順境，「萬事如意」、「一帆風順」這些美好的祝福語，代表了人們想要順境的心情。然而，人的一生中，有順境，也有逆境。順境時，我們要感謝命運，感謝那些幫助你的人。逆境時，我們也要有一顆感恩的心，因爲逆境並不一定是壞事。

逆境告訴我們，自己仍有不足之處，是時候要改善、增益自己的知識與技能，及時爲自己「充電」了。學習放下自我，學習「逆境自強」，逆境便皆可漸漸克服過來。

逆境也能鍛煉人，成就人。在我國歷史上，文王拘而演《周易》；仲尼厄而作《春秋》；屈原放逐，乃賦《離騷》；左丘失明，厥有《國語》；孫子臏腳，《兵法》修列；不韋遷蜀，世傳《呂覽》。「天行健，君子以自強不息」。可見，相對於順境，逆境更能夠鍛煉人，更能使人堅強。

在現實生活中，我們對於最好總有自己的一套標準，但事與願違，常使我們意不能平。我們必須相信，目前我們所擁有的，不論是順境還是逆境，都是對我們最有利的安排。若能如此，我們才能懂得感恩。

無論順境逆境，都要心存感恩，用一顆柔軟的心包容世界。如果想成爲一顆太陽，那就從塵埃做起；如果想成爲一條大江，那就從水滴做起；如果想成爲世界矚目的英雄，那就從最普通、最平凡的人做起。循序漸進永遠好過急於求成，每個想法的實現都是通過積累獲得。

馬斯洛說：「心若改變，你的態度跟著改變；態度改變，你的習慣跟著改變；習慣改變，你的性格跟著改變；性格改變，你的人生跟著改變。」

【第十一課】

修行：在家裏也可以

掃地亦是修行

不可因早晚誦經影響家庭生活

在家修行更要自律

多學靜坐，以收斂浮氣

做紅塵中的真菩薩

佛教的簡易修持法

1 掃地亦是修行

弘一法師講過一個故事，這個故事出自《根本說一切有部毗奈耶雜事》。

世尊於逝多林時，見地不淨，便執帚欲掃園林。時舍利弗、大目犍連、大迦葉、阿難陀等諸大聲聞見後，皆執帚共掃園林。佛與眾弟子打掃完畢後，入食堂就坐。佛告比丘：「凡掃地者，有五勝利，一者自心清淨；二者令他心清淨；三者諸天歡喜；四者植端正業；五者命終之後當生天上。」

「黎明即起，灑掃庭除」，這是中國人的古訓，也是我們最基本的日常生活事務。然而偉大的佛陀卻由掃地建立了「掃心地」的修行法門。「掃心地」的修行法門在《阿彌陀經疏》中有這麼一段記載。

周利盤陀伽（譯為大路邊）初出家時，常被人取笑，因為他總是記不得釋尊的教導，即使是短短的四句偈也背誦不起來。他的哥哥盤陀伽（譯為小路邊）比他早先出家，見他如此愚鈍，不能持誦一句一偈，就要他還俗。

正在掃地的周利盤陀伽被哥哥趕到山門外，內心十分難過，他實在不願還俗，但想到自己天生的愚蠢蒙昧，不禁悲從中來，於是站在只洹門外，號啕大哭了起來。

釋尊在知曉周利盤陀伽因愚鈍被擯棄在山門外，而悲泣不止後，內心十分不忍，再觀察他的因緣，知其道根將熟，就叫侍者喚周利盤陀伽進來。

原來，周利盤陀伽其實是個有大根器的久修道人，只因宿世吝法之業果，障蔽了智慧而變得愚昧，於是釋尊教導周利盤陀伽「掃地法門」。

釋尊指指周利盤陀伽手上還拿著的掃帚說：「這掃帚，又號為除垢，以後你每天掃地時，邊掃邊念『除垢』，看到掃帚，就思除垢之義。」

周利盤陀伽依教奉行，三個月後果然悟解，證得阿羅漢果，搖身一變，成為辯才無盡、義持第一的大比丘。

地面不常掃，就不清潔；一個人的心地不常清掃，人生中煩惱的塵埃就會在心中積厚難除。怎麼掃除心中的灰塵呢?用慚愧、懺悔、返照、覺察、覺照，念念分明，念念做主，念念覺察，念念覺照，這樣，就能把心中的灰塵掃掉了。

弘一法師說：「若依《華嚴經》文所載，種種神通妙用，決非凡夫所能隨學。但其他經律等載佛所行事，有爲我等凡夫作模範，無論何人皆可隨學者，亦屢見之。」掃地就是人人都可學的修行方式。

「心中有佛，處處有佛」，佛法無處不在。居士在家修造，往往以課誦、坐禪爲主，但也並不一定非要去念經修行，即使是掃地、做家務，只要全心全意做好，也有殊勝的功德。

寺院中有一個小和尚，每天掃地，洗衣，做飯，念佛，日子就這樣日復一日，平淡無奇地過去。

有一天，小和尚覺得自己再也不能這樣過下去了，自己來寺院是要學佛法的，將來好普度眾生，修行成佛。

於是，小和尚來到師父跟前說：「師父，您教我學佛吧。」

老和尚慈眉善目，淡淡地說：「掃地去吧。」

小和尚只好悶悶地掃地。

掃完地，小和尚又到師父跟前說：「師父，地掃完了，您教我佛法吧。」

老和尚淡淡地說：「洗衣去吧。」

小和尚轉身默默洗衣。小和尚在晾衣服時，心頭一動，會心一笑。

小和尚晾完衣服，到師父跟前說：「師父，衣服洗好了，您教我修行吧。」

老和尚抬頭看看天，淡淡地說：「快中午了，做飯去吧。」

小和尚欣喜地說：「師父，您是在教我參話頭吧？」

老和尚淡淡地說：「鸚鵡饒舌，做飯去吧。」

吃完飯，老和尚和小和尚對視，老和尚說：「我們一起念佛吧。」

日子就這樣年復一年地過去。

有一天，小和尚欣喜地發現，自己掃地時心裏在念佛，洗衣時心裏在念佛，做飯時心裏也在念佛。

老和尚覺得自己快要離開這裏了，就把小和尚叫到跟前說：「師父要外出雲遊了，不知道什麼時候回來，你在這裏要常掃地，時念佛，給自己和其他信眾一個清淨的福地。」小和尚目送師父消失在山坡轉彎處，並把師父的話銘記在心。

枝頭吐芽了，知了開鳴了，草木枯了，雪飛了，小河流水了，老和尚再也沒有回來。小和尚已經破掉了束縛他的繭，他已深知掃地，種菜，洗衣，做飯無不是修行，無時不可以念佛，動靜語默皆念佛修行。

小和尚的道場名聲在外，度化了一批又一批信眾。小和尚漸漸老了，他知道自己也將去師父雲遊的地方了，他要和師父一樣去成佛了。小和尚實現了當初來寺院的願望。

掃地的功用有以下幾點：

●降伏我慢心

是因爲人都有貢高我慢心，覺得世界上「我」是了不起、高人一等的，不懂得尊重別人，這種心態其實就是做事情的最大障礙。若能快樂、自在地做一般人認爲下賤的工作，也就是降伏了貢高我慢的心。

●乾淨可以使人的心定下來

把家裏或工作環境打掃得窗明几淨，不僅自己的心能感到清淨，也會讓經過者或使用者的心清淨。心一清淨，自然心就定下來了。

●掃掉心裏的垃圾

我們的心裏有很多垃圾，如貪心、嗔心、慢心、疑心……心裏面的垃圾多了、煩惱多了，人也就整天糊裏糊塗的。而心地的垃圾掃乾淨了，心地就清淨了。若達到佛經中所說的「寂無所寂」，才算清淨到了家。

佛教有首《掃地歌》，歌詞是這樣的：

掃地掃地掃心地，心地不掃空掃地，
人人若把心地掃，無明煩惱皆遠離。
掃地掃地掃心地，心地不掃空掃地，
人人若把心地掃，人我高山變平地。
掃地掃地掃心地，心地不掃空掃地，
人人若把心地掃，世間皆成清淨地。
掃地掃地掃心地，心地不掃空掃地，
人人若把心地掃，朵朵蓮花開心底。

在修行者眼中，掃地與念經一樣，都是修行的途徑。佛法來源於生活，因此，掃地亦是修行。

2 不可因早晚誦經影響家庭生活

弘一法師在《切莫誤解佛教》中說：「有幾位問我，不學佛還好，一學佛問題就大了，我的母親早上晚上一做功課，就要一兩個鐘頭，如學佛的都這樣，家裏的事情簡直沒有辦法推動了。」弘一法師告誡人們：「從前印度大乘行人，每天六次行五悔法，時間短些不要緊，次數不妨增多，終之學佛，不只是念誦儀規，在家學佛，絕不可因功課繁長影響家庭生活。」

學佛的人，早晚誦經念佛，這在佛教裏面叫課誦。就像基督教早晚及飲食的時候要禱告，天主教徒早晚也要誦經一樣，是一種宗教行儀，這本來沒有什麼問題，不過這件事情，但卻在很多人中造成了誤解，使人誤會佛教爲老年有閑的佛教，非一般人所宜學。

弘一法師說：「其實，早晚課誦，並不是一定誦什麼經，念什麼佛，也不一定誦持多久，可以隨心所欲，依實際情形而定時間。」

出家修行與居士在家修行是不同的。早晚課誦，過午不食，初夜、後夜坐禪，這是出家人的修行方式。佛陀爲在家修行的人所說的各種經中，都不見有要求在家修行必修朝暮課誦、過午不食、初夜後夜坐禪的言句，這是大有深意的。在家修行的人，各有各的工作，有自己的營生治事，要養家糊口，閒暇實在有限。若亦按出家人的方式修行，容易貽誤工作，影響家庭和睦，身體健康，是爲佛法所不願的。一個人課誦、坐禪而貽誤工作，便犯了盜戒，修行豈能有成就；一個學生不顧學習去課誦、坐禪，功課學不好，便有負於家長，也就是有負於佛法，也是違背佛陀教誡之舉的。

弘一法師認爲，中國傳入日本的佛教、淨土宗、天臺宗、密宗等都各有自宗的功課，簡要而不費多少時間，這還是唐、宋時代的佛教情況，中國近代的課誦，一是叢林時期所用的，叢林住了幾百人，集合一次就須費好長時間，爲適應這種特殊的環境，所以課誦時間較長。二是元、明以來佛教趨向混合，於是編集的課誦儀規，具備各種內容，適合不同宗派的修學。其實在家居士，不一定要如此。

有一個老人向大師訴苦。

老人說：「大師，您一定要勸勸我的老伴，她現在學佛學得日子也不好好過了。天天一大早就爬起來做功課，弄得全家人都睡不好覺，白天也不做事，就知道念佛打坐，小孫子鬧也沒用。家人說她，她也不聽，反說我們根性太淺，不明白事理，還說要與我分居，專心修行——真是，年輕時我沒休妻，到老了，她反倒休夫了！」

現在有些在家修行的人，不顧個人生活實際，完全依葫蘆畫瓢，照搬出家人的生活。這是在所謂的「精進」居士當中存在的一種極不正常的現象。這些人認爲，凡修行，必向出家師父靠攏；有沒有修行，就看你是不是學出家師父學得全，學得像！根本不去想這一做法對個人修行有無必要，是否會加重家庭負擔。出家師父要每天參禪打坐，精進念佛。那麼他也要摒棄萬緣，每天雙腿一盤，夢想如此就能往生極樂。卻忘記了老伴是不是需要照顧，小孫子是不是還在哭鬧，自己的責任是不是已經盡到。

在家修行的人更應該先負起家庭的責任，要在保證家庭安定和樂的同時，再來靜心修行。有的人可以把佛教活動搞得有聲有色，但在家庭的投入和管理中卻是一團糟，這樣的人，即便可以很積極地護持道場，也不會是一個圓滿的榜樣。

在家修行學佛應以修慈悲心，修善德爲主，至於念佛、坐禪，不需要生搬硬套，可以按照本人的實際情況而定，貫徹佛教的方便原則，家中設不設佛堂，拜不拜佛，不必一律強求。最主要的是要心中有佛，心中有法，以佛爲榜樣，以佛法爲準則。

3 在家修行更要自律

弘一法師說：「在家居士，既聞法有素，知自行檢點，嚴自約束，不蹈非禮，不敢輕率妄行。」法師說這句話的用意，就是讓在家修行的人要學會自律。自律是指在沒有人現場監督的情況下，通過自己要求自己，變被動為主動，自覺地遵循法度，拿它來約束自己的一言一行。

弘一法師是一個自律精神極強的人，在他身上曾發生過這樣一個故事。

弘一法師在光岩寺居住時，李芳遠居士給他送來一隻水仙頭。他沒有東西來養，於是就向寺院裏借了一隻瓷盆。

後來弘一法師移居到南普陀山，他專門起走了水仙頭，很鄭重地又把瓷盆還給了寺院。

我們生活在這個世界上，過的是共處的群體生活，因此就必須遵守一定的共同規則，恪遵自己的本分，盡該盡的責任與義務。而這共持的準則規範，主要是用來自律行爲，繼而發展人們安居樂業的人間淨土生活。

這共同的規則，持續相傳運行於社會，營造人們共同需求的和諧空間，這樣的行爲是必然的。反之，若無共同準則，那麼社會就會變得無律可依，將導致亂象橫生、人心惶惶，所以必須仰賴共同規則來規範運行。只有訂出規則，大家共同遵守，社會才不致混亂。

世間萬物都要有一定的規則，否則就不能生存和運行。自然界的事物有其自然規律，人類社會有法律和各項規章制度。在社會生活中，規章制度很重要，因爲有制度的存在，我們的社會才能按部就班地維持著自己的運轉。規章制度不會自行發揮作用，只有人對制度的忠實執行，即執行者的「自律」，規章制度才有意義。

佛法也是這樣，只有修行者嚴格地恪守佛法教誨，佛法才有實際意義。研習佛法要嚴格自律，修行才有效果。就像練習盤腿打坐一樣，當盤腿打坐「突破」一個小時後，隨著時間的逐漸增加，以期達到兩小時。這是一個看似簡單，做起來卻相當有難度的事。首先，腿的痲痛讓人難以堅持；其次，靜心沒有看電視輕鬆；最後，沒有監督者很容易半途而廢。因此，一個人能否成功，自律起著決定性作用，意志不堅定的人很容易就會放棄。其實，只要咬咬牙挺過去，也就堅持了下來。

人從一生下來就處於被人管教的狀態中，在家父母管、上學老師管，工作領導管，而修行是自覺自願的行爲，沒有任何人管理。因此，人習氣中的「懶」起著很大的副作用，給自己想方設法找理由，從而達到「舒服」的目的。

殺生、邪淫、妄語、飲酒這些戒條，修行的人都能保持不犯，但在社會上的人就不然了。飯桌上談生意，酒要喝，肉也要吃，討價還價的假話也要說，遇到難搞定的客人，還要搞一些特殊服務，邪淫之戒也就犯了。

五戒中相對容易觸犯的是偷盜。按照佛教觀點，無論是有盜取之心還是有盜取之行爲，都犯了偷盜的罪過。

弘一法師教導信眾說：「非但銀錢出入上，當嚴淨其心；即微而至於一草一木、寸紙尺線，必須先向物主明白請求，得彼允許，而後可以使用。不待許可而取用、不曾問明而擅動，皆有不與而取之心跡，皆犯盜取盜用之行爲，皆結盜罪。」

佛法修行是艱苦的自律行爲，要經受住物質享樂的貪欲誘惑，要對他人的是是非非，視而不見，聽而不聞，寬容大度，淡然處之。對自己的思想行爲按照佛法理性中善良與邪惡的十業標準，嚴格地加以規範。有不少的大德高僧就是在難以想像的刻意自律中修行的，自律是人與人生命層次能否提升的本質要求。

在家修行的人，看似不用面對青燈古佛夜夜誦經，好像比出家修行的人輕鬆很多。其實不然，在家修行的人要面臨更多的誘惑、更多的考驗，因此更應該自律，這樣才能得到更多、更好的福報。

4 多學靜坐，以收斂浮氣

弘一法師說：「敬守此心，則心定。斂抑其氣，則氣平。」收斂抑制心氣，則心氣平和。弘一法師在這裏提到，只要「心定」，應能「斂抑其氣」，這對人的修養非常重要。在修養身心上，最忌諱的就是躁動不安，佛家講「空」，儒家講「靜」，道家講「清靜無爲」，其實都是一個意思，就是讓人心境平和。

要想心境平和，就要收斂浮躁之氣；收斂浮躁之氣的方法，在於多學靜坐。靜坐使人拋開一切，使心「空」，空才能心靜，心靜才能消除煩惱、焦慮。

美國哈佛大學的醫學教授稱，練習靜坐能降低肌肉的緊張程度，減少血清乳酸量的分泌，而且有測試表明，每天練習靜坐二十分鐘，持續一周後，專注力和情緒控制力都會有所改進，焦慮、情緒低落、憤怒等負面情緒則大幅下降。

浮躁之氣，很多時候就是來源於大家平日裏累積的惡習。很多習慣不是天生的，而是後天養成的，因而我們只要有勇氣和決心，是可以改掉壞習慣的。大多數人，其實都具有清淨的真如本性，但這種本性往往被人們的惡習掩蓋了，需要我們通過改掉惡習來還原自己清淨的本性。

有的人會將自己的過錯推給他人、父母或是上天，卻從不知道自我改進，這樣的人終生都會被自身缺點所左右，前進到某個階段便會止步不前。

浮躁之氣可以通過靜坐來改進。靜坐之前，自己應當閉上眼睛好好思考一下，是否因爲心生浮躁而做過很多錯事？是否極容易被周圍環境、人物影響，情緒受到左右？又是不是那種會爲了某些小事而生氣，生氣過後仍然鑽牛角尖的人？

靜坐能夠陶冶人的情操，動不動就發脾氣的人，靜坐時間長了，就會發現，自己在一次次的寧靜與反省中，開始變得溫和從容了。弘一法師認爲，平日多練習靜坐，可以幫助人們收斂浮躁之氣，事實的確如此。

初學靜坐也不是件容易的事。王陽明說：「初學者一旦靜坐，必定心猿意馬，拴縛不定，他所思慮的，多是人的欲望。」佛教講戒、定、慧，定在戒和慧之間，是座橋樑。

在打坐過程中，你如果發現自己的心靜不下來，就要主動去尋找原因。靜坐中對自身的反思越深，對自己內心的反觀就越加明確。

曾國藩就是這樣的人。開始時不但控制不住自己的思緒，甚至有一次，他本打算靜坐半小時，結果睡著了，醒來之後，居然痛罵了自己一頓。

幾天後，曾國藩接到馮樹堂的口信，問近來靜坐功夫做得怎樣了。

曾國藩非常慚愧，趕緊到馮樹堂家中道歉。兩人交談後，馮樹堂送曾國藩出門，叮囑道：「你必須靜坐，坐得有些端倪時，就覺得萬事都不如靜坐了。」

馮樹堂還說：「除謹言靜坐，無下手處。若能養成靜坐功夫，天下就沒有做不成的事。」

曾國藩經常性地焚香靜坐，這種精神與意識一天都沒有放棄。中國有句話叫「寧靜致遠」，曾國藩之所以後來能在大風大浪中鎮靜自若，寵辱不驚，打仗擅長運用結硬寨、打呆仗的方法等，均是從「靜」中演化出來的。

無論閑忙、晨昏，都可以靜下心進行靜坐，靜坐可以幫助我們清除身心的憂惱、障礙。一時靜坐的練習就可以使人一時受益，如果經常練習就可以經常受益。如果你在浮躁的社會中變得浮誇，不妨抽出一點時間靜坐，或許能讓自己的心情平靜。

5 做紅塵中的真菩薩

一九一八年七月一日，正是壯年的李叔同在虎跑寺出家之時。弘一法師放棄奢華的俗世生活，毅然決然地選擇出家，這在當時轟動了整個社會。人們一邊對他出家的動機好奇，一邊又感歎佛法的魅力。弘一法師的出家一時成爲社會上的熱門話題。

很多人敬仰佛法，但是又不想看破紅塵，遁入空門，只好對佛陀敬而遠之。他們認爲學佛就得出家，這實在是對佛教的一種誤會。

弘一法師在《切莫誤解佛教》中說：「有的人，一學佛教就想出家，似乎學佛非出家不可，不但自己誤會了，也把其他人都嚇住而不敢來學佛了。這種一學佛就要出家的思想，實在要不得。出家不易，要出家就先做一良好在家居士，爲法修學，自利利他。如真能發大心，修出家行，獻身佛教，再來出家，這樣自己既穩當，對社會也不會發生不良影響。」

修佛不一定要出家。四大菩薩中，只有一個地藏菩薩是出家的，觀音大士、普賢菩薩、文殊菩薩都是在家居士修到果位的。學佛與出家沒有必然聯繫，只要心中有佛，無論在哪裏都可以修行，若心中無佛，就是在深山寺刹也彷彿在鬧市街頭。

一位官吏到寺廟上香，認識了在廟裏修行的小和尚。官吏問小和尚整天在黑暗的大殿裏念經枯燥不枯燥，要不要到外面的世界去看看？

小和尚有些不解，就問官吏為什麼要到外面去？

官吏說：「外面的世界很好，寬敞明亮，要什麼有什麼，不愁吃喝，沒有必要在這裏當苦行僧。」

小和尚認為自己在寺廟裏過得很好，一心向佛，佛祖賜給他屋簷遮擋風雨，還可以天天和師父交流得道心得，很有樂趣。

官吏問小和尚：「你在這裏自由嗎？」

小和尚沉默了。

於是，官吏就把小和尚帶出了寺廟，把他安排在了一個豪華奢靡的人家住下。由於官吏忙於政務，沒多久便把這件事情忘記了。

一年後，官吏想起了小和尚，就去看望他。

官吏問小和尚過得怎麼樣，小和尚說：「我佛慈悲，我過得很好。」

官吏又問小和尚在這個精彩世界裏的感受。

小和尚長歎一聲說：「這裏什麼都好，每天早上一醒來就能看到滿院佛光普照，比起我以前的那個小寺廟好多了，只是這寺廟太大了。」

說話間，小和尚已入定。

學佛不是把自己交給寺院，而把自我交給一種信仰。弘一法師說：「出家功德大嗎？當然大，可是不能出家的，不必勉強，勉強出家有時不能如法，還不如在家。」爬得越高，跌得越重，出家功德高大，但一不當心，墮落得更厲害，要能真切發心，勤苦修行，爲佛教犧牲自己，努力弘揚佛法，才不愧爲出家。

學佛的有出家弟子，有在家弟子。出家可以學佛，在家也可以學佛，出家可以修行了生死，在家也同樣可以修行了生死，並不是學佛的人一定都要出家。

出家很不容易。古大德有句話：「地獄門前僧道多。」你要能想到這句話，你就想想要不要出家？要出家，就學釋迦牟尼佛，學祖師大德，沒有問題，出家好，無量功德。如果不像釋迦牟尼佛，不像祖師大德，那個麻煩就大了。

「施主一粒米，大如須彌山。今生不了道，披毛戴角還」。意思是說，今生不了道，要墮三途，三途罪受完了，變畜生還債，你說這個事情多麻煩。學佛如果是一心想求生西方淨土，親近阿彌陀佛，不用出家。

蓮池大師告訴我們，其實在家修行最好。在家修行，我們可以奉養父母，可以教導子孫，可以做一名如來真實的在家弟子。這是蓮池大師的經驗，也是對我們的囑託。

我們承擔起自己的責任，我們有工作、家庭，我們對上奉養父母，對下教導子孫，在家庭生活與工作之間，按照佛的教誨，做一個能夠承擔己任、有愛心，能夠助人，能夠自己按照佛的要求、佛的教誨如實修行的在家居士。長期修下去，我們按佛法逐漸薰陶自己，不斷地影響自己，慢慢就變化過來了。

出家還是在家，只是人爲設置的界限。學佛的人求的是佛法，而不是出家。通曉佛理才是學佛的目的。只要心中有佛，無論出家還是在家，都是修行；只要一心向善，愛自己愛別人，都可以過得快快樂樂。

6 佛教的簡易修持法

佛所說修行法門很多，深淺難易，各有不同。想要修行佛法的人，一開始往往不知從何入手。弘一法師在永春普濟寺受邀講解了佛教的簡易修持法，是個人人能懂、人人可行的方法。弘一法師說：「我以爲談玄說妙，雖然極爲高尚，但於現在行持終覺了不相涉。所以今天我所講的，且就常人現在即能實行的，約略說之。」

弘一法師認爲，專尚談玄說妙，譬如那饑餓的人，來研究食譜，雖山珍海味之名，縱橫滿紙，如何能夠充饑？倒不如得到幾種普通的食品，即可入口，得充一飽，才於實事有濟。

修持的第一步就是要深信因果

弘一法師告誡大家，因果之法，雖爲佛法入門的初步，但是非常重要，無論何人皆須深信。何謂因果？「因」者好比種子，下在田中，將來可以長成爲果實。「果」者譬如果實，自種子發芽，漸漸地開花結果。

一生所作所爲，有善有惡，將來都會有報應。桃李種，長成爲桃李，作善報善；荊棘種，長成為荊棘，作惡報惡。我要避凶得吉，消災得福，必須要厚植善因，努力改過遷善，將來才能夠獲得吉祥福德之好果。如果常作惡因，要想免除凶禍災難，哪裏能夠得到呢？

弘一法師說：「第一要勸大眾深信因果，了知善惡報應，一絲一毫也不會差的。」

簡易修持法的第二步是發菩提心

「菩提」二字是印度的梵語，翻譯為「覺」，也就是成佛的意思。「發」者，是發起。故發菩提心者，便是發起成佛的心。為什麼要成佛呢？為利益一切眾生。那又該如何修持才能成佛？須廣修一切善行。以上所說的，要廣修一切善行，利益一切眾生，但須如何才能夠徹底呢？須不著我相。

所以發菩提心的人，應發以下之三種心

- **大智心：不著我相。此心雖非凡夫所能發，亦應隨分觀察**
- **大願心：廣修善行**
- **大悲心：救眾生苦**

真發菩提心的，必須徹悟法性平等，我與別人沒有什麼差別，只有這樣才能夠真實和菩提心相應。

簡易修持法的第三步是修淨土

弘一法師說：「既然已經發了菩提心，就應該努力地修持。修持的法門與根器不相契合的，用力多而收效少；倘與根器相契合的，用力少而收效多。」

在這末法之時，大多數眾生的根器，和哪一種法門最相契合呢？說起來只有淨土宗。因爲泛泛修其他法門的，在這五濁惡世，無佛應現之時，很是困難。

若果專修淨土法門，則依佛大慈大悲之力，往生極樂世界，見佛聞法，速證菩提，比較容易得多。所以龍樹菩薩曾說：「前爲難行道，後爲易行道；前如陸路步行，後如水道乘船。」

關於淨土法門的書籍，可以首先閱覽者，《初機淨業指南》、《印光法師嘉言錄》、《印光大師文鈔》等。依此就可略知淨土法門的門徑。

【第十二課】

持戒：提高自我修養

學佛者如何改過？
十條最應注意的改過還善之事
用自尊增進自己的德業
改掉不好的生活習慣
切切實實持戒
隨時隨地做一個道德高尚的人

1 學佛者如何改過？

一九三三年農曆正月，弘一法師在廈門妙釋寺演講時說：「今值舊曆新年，請觀廈門全市之中，新氣象充滿，門戶貼新春聯，人多著新衣，口言恭賀新喜、新年大吉等。我等素信佛法之人，當此萬象更新時，亦應一新乃可。我等所謂新者何，亦如常人貼新春聯、著新衣等以為新乎？曰：『不然。』我等所謂新者，乃是改過自新也。」弘一法師的這段話，是讓大家改過自新，在新的一年開始之際，開始一個嶄新的人生。

古人云：「人非聖賢，孰能無過。過而改之，善莫大焉。」

孔子也說：「過而勿憚改。」說的是人人都會有過錯，有了過錯就要改正。但是改過並不是件容易的事，也不是人人都能做到的。弘一法師結合自身之經驗，為我們改正錯誤提供了簡易的方法。

● **學**

「須先多讀佛書儒書，詳知善惡之區別及改過遷善之法」。弘一法師要我們多讀佛學儒學方面的書。

爲什麼要讀儒學方面的書呢？弘一法師做了如下解釋：「余於講說之前，有須預陳者，即是以下所引諸書，雖多出於儒書，而實合於佛法。因談玄說妙修證次第，自以佛書最爲詳盡。而我等初學之人，持躬敦品、處事接物等法，雖佛書中亦有說者，但儒書所說，尤爲明白詳盡適於初學。故今多引之，以爲吾等學佛法者之一助焉。」

市面上關於佛學、儒學方面的書太多了，可謂浩如煙海，一般人無力遍讀，即便讀了的也難於理解。弘一法師根據自身經歷說：「可以先讀《格言聯璧》一部。余自兒時，即讀此書。皈信佛法以後，亦常常翻閱，甚覺其親切而有味也。」

●省

弘一法師說：「既已學矣，即須常常自己省察，所有一言一動，爲善歟，爲惡歟？若爲惡者，即當痛改。」既然通過讀書學習和自我省察，知道了自己的一言一行，是善還是惡，也知道了如何改過。如果認爲自己還有哪方面做得不對，就要痛改前非。

「一日禪」中寫道：「人有兩個眼睛，看世間，看萬物，看他人，就是看不到自己；能看到別人的過失，卻看不到自己的缺點；能看到別人的貪婪，卻看不到自己的吝嗇；能看到別人的愚昧，卻看不到自己的無知；能看到別人的目光短淺，卻看不到自己的狹隘。人生要多些反思，也要多些捫心自問，何時才能認識自己？何時才能看清自己？」

有一個禪師一次進入寺廟，看見禪房前的石頭臺階上貼了一則帖子。上面寫著「照顧腳下」四個字，禪師當即明白其中的含義。它的意思是指觀察自己所站的位置，洞察當下。

然而這四個字還有另一層意思，就是請大家把鞋脫下。「把鞋脫下」並非真的要來人脫鞋，而是要我們反思當前處境，看清自己。

通過不斷地反思自己，找出自己身上的錯誤，時時注意改進，最好做到孔子所說的：「吾日三省吾身。」每天都要反思自己的所作所為。弘一法師說：「除時時注意改過之外，又於每日臨睡時，再將一日所行之事，詳細思之。能每日寫錄日記，尤善。」

改

弘一法師說：「省察以後，若知是過，即力改之。」經過自省，知道了自己的過錯，就要全力改之。弘一法師還說：「諸君應知改過之事，乃是十分光明磊落，足以表示偉大之人格。」

子貢說：「君子之過也，如日月之食焉；過也人皆見之，更也人皆仰之。」

古人也說：「過而能知，可以謂明。知而能改，可以即聖。」法師是想讓大家用這些話勉勵自己。

人要敢於挑戰自己，戰勝自己，只有戰勝自我，才能完善自我。當知道自己有過失之處，就應該即刻提起精神，奮發向上，把舊的種種過失一齊改掉，另外開闢一條新的人生大道！這樣才會有嶄新的自我，嶄新的人生。

2 十條最應注意的改過遷善之事

弘一法師一直注意改過遷善。一九三三年正月，弘一法師在廈門演講時說：「余五十年來改過遷善之事。但其事甚多，不可勝舉。今且舉十條爲常人所不甚注意者，先與諸君言之。《華嚴經》中皆用十之數目，乃是用十以表示無盡之意。今余說改過之事，僅舉十條，亦爾；正以示余之過失甚多，實無盡也。」

● 虛心

弘一法師說：「常人不解善惡，不畏因果，決不承認自己有過，更何論改？但古聖賢則不然。」

這句話的意思是說，普通人知錯不改，而古代聖賢則知過就改，是我們學習的榜樣。

孔子曰：「五十以學易，可以無大過矣。」孔子五十歲學習了易學，認爲這樣才能不再犯什麼錯誤。孔子還說：「聞義不能徙，不善不能改，是吾憂也。」知道了自己的缺點，而又不能及時改正，這是孔子所憂慮的。

蘧伯玉爲春秋時期的賢人，他派人去看望孔子。

孔子問：「夫子何爲？」

對曰：「夫子欲寡其過而未能也。」其意是說，孔子問這個人，蘧老夫子在幹什麼？這個人回答說，他老人家想減少自己的過錯，卻還沒有能夠做到。

弘一法師感歎說：「聖賢尚如此虛心，我等可以貢高自滿乎？」聖人尚如此虛心，我們憑什麼驕傲自滿呢？

● 愼獨

弘一法師說：「吾等凡有所作所爲，起念動心，佛菩薩乃至諸鬼神等，無不盡知盡見。若時時作如是想，自不敢胡作非爲。」

愼獨是一種人生境界，是一種修養，也是一種自我的挑戰與監督。柳下惠坐懷不亂，曾參守節辭賜，蕭何愼獨成大事。

東漢楊震的「四知」箴言，「天知、地知、你知、我知」，愼獨拒禮。愼獨是一種情操，是一種自律，更是一種坦蕩。

曾子說：「十目所視，十手所指，其嚴乎！」愼獨就是要「戰戰兢兢，如臨深淵，如履薄冰」。愼獨雖然是古人提出來的，但並沒有因時代的更迭變遷而失去現實意義，因爲它是懸掛在你心頭的警鐘，是阻止你陷進深淵的一道屏障，是提升你自身修養走向完美的一座殿堂。

●寬厚

弘一法師說：「造物所忌，曰刻曰巧。聖賢處事，惟寬惟厚。」造物主最忌諱的，就是為人刻薄討巧。聖賢處事，都是以寬厚為準則。有些人待人寬厚、寬容，便會得到更好的人緣。然而有些人待人刻薄、嚴峻，如此還想要獲得人緣，獲得別人的認同，簡直難如登天。

●吃虧

古人云：「我不識何等為君子，但看每事肯吃虧的便是。我不識何等為小人，但看每事好便宜的便是。」

吃虧的人，終究吃不了虧，吃虧多了，總有厚報；愛佔便宜的人，定是占不了便宜，贏了微利，卻失了大貴。吃虧是福，不要為眼前的小利失了大義。有位賢人臨終時，子孫請教遺訓，這位賢人說：「無他言，爾等只要學吃虧。」

若一個人處處不肯吃虧，處處只想佔便宜，於是，妄想日生，驕心日盛。而一個人一旦有了驕狂的態勢，難免會侵害別人的利益，於是便紛爭四起，在四面楚歌之中，又焉有不敗之理？

寡言

孔子云：「『駟不及舌』，可畏哉！」

弘一法師認爲，寡言一條最爲重要。所謂「病從口入，禍從口出」，這是大家都知道的道理，可是還是有無數人因口舌給自己帶來災禍。

古人說：「修己以清心爲要，涉世以慎言爲先。」弘一法師也很認同說話謹慎這一點。說出去的話，如同潑出去的水，即便事後再怎麼彌補，都無濟於事。在人際交往中，要做到不傳話，不說閒話，不該說的不說，非說不可時，要想好了再說。

不說人過

古人云：「時時檢點自己且不暇，豈有工夫檢點他人。」

孔子亦云：「躬自厚而薄責於人。」這些都是弘一法師引以爲戒，時刻不敢忘記的。「靜坐常思己過，閒談莫論人非」。人人都有犯錯誤的時候，不要戴著有色眼鏡看人。說別人的閒話，只會引起別人對你的反感，使你的人品大受影響。

寬厚待人，嚴於律己，多檢討自己的過失，少找別人的毛病，這樣才能少生事端，和諧相處。

●不文己過

子夏曰：「小人之過也必文。」弘一法師告誡我們，要知道文過飾非是件可恥的事情。要實事求是，錯就是錯，對就是對，有錯就要改正。不要妄想要小聰明，試圖掩飾，掩飾不僅解決不了問題，還會越描越黑。

●不覆己過

弘一法師說：「我等倘有得罪他人之處，即須發大慚愧，生大恐懼。發露陳謝，懺悔前愆。萬不可顧惜體面，隱忍不言，自誑自欺。」

弘一法師認爲，要是有得罪他人的地方，就要檢討自己，要「發大慚愧，生大恐懼」，要主動改正自己的錯誤。不能爲了自己一時的面子，而隱忍不言，那樣是自欺欺人。做人要心胸坦蕩，對自己的錯誤，不掩蓋，不飾非。

●聞謗不辯

古人云：「何以息謗？曰：『無辯。』」

又云：「吃得小虧，則不至於吃大虧。」

意思是說，古人說：「怎樣才能平息別人的誹謗？答案是不要去辯解。」又說：「能吃小虧，才不至於吃大虧。」

若別有用心的人誹謗你，那麼你越辯解，他就越興奮，越會編造出更多的謊言污蔑你。如果你不去辯解，順其自然，把他人的誹謗當作耳邊清風，那麼誹謗你的人覺得沒意思了，自然就不會再去編造謊言。

弘一法師對此表示：「余三十年來屢次經驗，深信此數語真實不虛。」

●不嗔

弘一法師說：「嗔習最不易除。古賢云：『二十年治一怒字，尚未消磨得盡。』但我等亦不可不盡力對治也。

華嚴經云：『一念嗔心，能開百萬障門。』可不畏哉！」

誰都知道，發火動怒是不好的惡習，可是誰都在有意無意間，或發雷霆之怒，或動無明之火，這麼一來既和自己過不去，又給予別人難堪，實在來說，真不值得！嗔怒是一把傷人的刀，而傷得最重的恰恰是自己。做人要有寬廣的心胸，不要被嗔怒之火糾纏。只有心底清靜，才不至於被嗔怒之火傷害。

3 用自尊增進自己的德業

弘一法師說：「怎樣尊重自己呢？就是時時想著：我當做一個偉大的人，做一個了不起的人。比如我們想做一位清淨的高僧，就要拿《高僧傳》來讀，看他們怎樣行，我們便也怎樣行，所謂『彼既丈夫我亦爾』。又比如我們將來想做一位大菩薩，那麼就應當依經中所載的「菩薩行」，隨力行去，這就是自尊。但自尊與貢高不同，貢高是妄自尊大、目空一切的胡亂行為；自尊是自己增進自己的德業。其中並沒有一絲一毫看不起人的意思的。」

被尊重是人的心理上的需求，每個人都希望別人能尊重自己，但要想別人尊重自己，首先自己要尊重自己。

有的年輕出家人也認為自己只是一個小和尚，不敢奢望自己能做高僧、做大菩薩，於是就隨隨便便做事，甚至自暴自棄，最終墜入墮落的深淵，那是很危險的。

弘一法師說：「諸位應當知道，年紀雖然小，志氣卻不可不高啊！」

又說：「凡事全在自己去做，只要能有高尚的志向，就沒有做不到的。」

慧能父親早亡，家境貧窮以賣柴為生。

一次，慧能賣柴回家的路上聽到有人讀誦《金剛經》之中的「因無所住而生其心」一句，便萌生學習佛法之念。他去黃梅雙峰山拜謁五祖弘忍，由此開始了學佛生涯。

六祖慧能起初只能做一個火頭僧，地位很低下。即使在這種情況下，他還是一心一意地鑽研佛法，並且嚴格要求自己，聆聽佛法的教誨，揣摩佛法的真意。

六祖慧能從來沒有自己看不起自己，他自尊自強，不斷用自信提升自己的德業。在五祖弘忍大師選禪宗衣缽的繼承人時寫下了流傳千古的偈句：

「菩提本無樹，明鏡亦非台。本來無一物，何處惹塵埃。」

最後，慧能大師成為唐代高僧，禪宗六祖。

弘一大師在他的《青年佛徒應注意的四項》中寫道：「『尊』是尊重，『自尊』就是自己尊重自己，可是人都喜歡別人尊重自己，而不知自己尊重自己，不知道要想人家尊重自己，必須從自己尊重自己做起。」

滴水穿石，功到自然成。一個人成功的關鍵在於他的努力程度和之前的積累，積累知識，積累智慧，當你積累了足夠的能量，就會在一瞬間獲得成功。

弘一法師說：「自強之外無上人之術。」人要自強首先要自尊。一個沒有自尊心的人，何來自強？只有自己不斷努力，才能取得成功。

一日，一個老道碰到一個拿著木棍的小叫花子，告訴他怎樣畫一個方框，勤加練習，他日有緣，再相見時就可不必要飯了。

老道走後，小叫花子閑來無事，便用木棍刻畫那個方框，極盡方框之變化。

時隔不久，老道又碰到一個放牛的牧童，告訴他用那木棍從上到下拉那麼一下，若能勤加練習，日後有緣，也就可以不用放牛了。於是，牧童山間放牛閒散之餘便用那木棍在地上或寬或窄、或疾或徐拉那一畫。

四十年後，老道臨終前，把這兩個人叫到了一起，合寫了一個中字。

這個中字從此成就了書法史上一段佳話。

「只要功夫深，鐵棒磨成針」。要想取得成功，就要下功夫。任何一種技術、技巧、學問，要想學會，都需要花很多功夫。一個人要不斷地修練自己的內心，讓自己沉得住氣，靜得下心，只要功夫到了，成功自然是水到渠成的事。

《莊子》中有這樣一段話：顏成子游對東郭子綦說：「自從我聽了你的談話，一年之後就返歸質樸，兩年之後就順從世俗，三年豁然貫通，四年與物混同，五年神情自得，六年靈會神悟，七年融於自然，八年就忘卻生死，九年之後便達到了玄妙的境界。」

一個人做什麼事都不要急於求成，只要每天學習一點，進步一點，日積月累，自然會增進自己的德業。

一個人有自尊自然是好事，但是千萬不能讓自尊變成驕傲。在尊重自己的時候，尊重他人，就能使自己進步；如果只知道尊崇自己，妄自尊大，目空一切，就背離自尊的真意。我們中的很多人，披著自我尊嚴的外衣，卻不僅刺傷了他人，也傷了自己。只有真正做到既自尊，又尊重他人，才能增進自己的德業，取得事業的成功。

4 改掉不好的生活習慣

弘一法師在泉州承天寺講《改習慣》時說過一句話：「吾人因多生以來之夙習，及以今生自幼所受環境之薰染，而自然現於身口者，名曰習慣。習慣有善有不善，今且言其不善者。常人對於不善之習慣，而略稱之曰習慣。」

習慣是一柄雙刃劍，用得好，會幫助我們輕鬆地獲取人生的快樂與成功；用得不好，會使我們的一切努力都付諸流水，甚至能毀掉我們的一生。好的習慣可以讓人的一生發生重大變化。滿身惡習的人，是成不了大氣候的，唯有擁有好習慣的人，才能夠實現遠大的目標。

弘一法師修行律宗時，對自己要求甚嚴，但就是這樣，他仍然認爲自己身上惡習太重。他在《改習慣》這篇演講中說：「余於三十歲時，即覺知自己惡習慣太重，頗思盡力對治。出家以來，恆戰戰兢兢，不敢任情適意。但自愧惡習太重，二十年來，所矯正者百無一二。自今以後，願努力痛改。更願有緣諸道侶，亦皆奮袂興起，同致力於此也。」

弘一法師在這篇演講中提出了七條需要改正的習慣。這些習慣雖是針對出家人而說的，但是對我們也有一定的借鑒意義。這些看似小事的事，若是日積月累下去，必然也會影響一個人的一生。一個習慣的培養並非一朝一夕便可以完成的，它需要經過長期的、反覆的堅持，最後才能成爲一個不易拋棄的真正的習慣。改正一個習慣，也不是一件容易的事，也需要我們有很強的自制力，並且要長期地堅持下去。

●食不言

飲食不宜分心，一邊吃飯一邊說話或看書、看電視，或做其他的事情，都會影響食欲和消化液的分泌，久則導致胃病。古人的「食不言，寢不語」告訴我們，進食的時候宜專心致志，才能有助於胃的受納消化。另外吃飯時說話容易使食物進入氣管之中，造成嗆咳或氣管堵塞，於身體不利，嚴重時還可能危及生命，不可不戒。

●不非時食

所謂的不非時食，是佛陀爲出家比丘制定的戒律，也就是說不能在規定許可的時間外吃東西。人要按規律吃飯，如果吃飯不規律，食量必定倍增，造成胃腸道負擔過重，導致胃潰瘍、胃炎、消化不良等疾病。

●衣服樸素整齊

現在雖然生活水準提高了，但是勤儉節約的習慣卻不能丟。俗話說：「一粥一飯，當思來之不易；半絲半縷，恒念物力維艱。」

●別修禮誦等課程

出家人每日除聽講、研究、抄寫及隨寺眾課誦外，皆別自立禮誦等課程，盡力行之。或有每晨於佛前跪讀《法華經》者，或有讀《金剛經》者，或每日念佛一萬以上者。出家人如此刻苦學習，我們更應該這樣。現在社會競爭激烈，學習是提高自己技能的唯一途徑。

●不閒談

弘一法師對出家人聚眾閒談，很不滿意，他說：「出家人每喜聚眾閒談，虛喪光陰，廢馳道業，可悲可痛！」現在這種習慣已經改了很多。出家人每於食後或傍晚休息之時，皆於樹下簷邊，或經行或端坐；若默誦佛號，若朗讀經文，若默然攝念。

弘一法師認為，出家人不應閒談來浪費時間，要抓住寶貴的時間去學習。我們沒事時，與其聚在一起吹牛聊天，不如抓緊時間學習充電，提高自己的競爭力。

●不閱報

弘一法師認為：「各地日報社會新聞欄中，關於殺盜淫妄等事記載最詳。而淫欲諸事，尤描摹盡致。雖無淫欲之人，常閱報紙，亦必受其薰染。」

現在社會，人們已經淹沒在資訊的海洋中。大量的資訊，如泥沙俱下，因此我們要提高自己的分辨能力，不能讓不好的資訊，影響到我們的身心健康。

● 常勞動

弘一法師說：「出家人性多懶惰，不喜勞動。」懶惰是人性中的弱點，好逸惡勞是人的天性。弘一法師認為，出家人已經逐漸改掉過去的習慣，每日掃除大殿及僧房簷下，並奮力做其他種種勞動之事。

勞動是人類的美德，佛陀還曾帶領僧侶們一起掃地。因此，我們要進行一些力所能及的勞動，這樣對自己的身心健康都有好處。

習慣對一個人是很重要的。奧斯特洛夫斯基說：「人應該支配習慣，而決不能被習慣支配，一個人不能去掉他的壞習慣，那簡直一文不值。」

一個人要想取得成功，就要改正壞習慣，養成好習慣。心理上的行為習慣左右著我們的思維方式，決定著我們待人接物的態度；生理上的行為習慣則左右著我們的行為發生，決定著我們的生活起居。

俗話說：「命好不如習慣好。」一個好的習慣，無論其大小與否，帶來的影響都將是巨大的，都將有益於你的一生。

5 切切實實持戒

弘一法師說：「可惜現在受戒的人雖多，只是掛個名而已，切切實實能持戒的卻很少。要知道，受戒之後，若不持戒，所犯的罪，比不受戒的人要加倍的大，所以我時常勸人不要隨便受戒。至於現在一般傳戒的情形，看了真痛心，我實在說也不忍說了！我想最好還是隨自己的力量去受戒，萬不可敷衍門面，自尋苦惱。」

「戒」是用來戒自己的，並不是用來戒別人。學佛的人若不能好好地遵守規矩，守好本分，那就談不上修行、談不上是真的佛弟子。「戒」要用在日常生活中，是時時刻刻、分分秒秒不能離開的心念。心不離戒，戒不離生活，這樣自然就不會犯錯了。若犯了錯，再來後悔、補救，那又何必呢？像弘一法師所說的：「是在自尋苦惱。」

人們常說，「受戒容易守戒難」。對一般人而言，確是事實，因爲「戒」有防非止惡的作用，可以規範我們的意念、語言及行爲。我們不該有的行爲、不該說的話、不該做的事、不該有的觀念，都不要產生並且去除，這樣才不會犯錯，才不會傷害我們的身心。所以「戒」可以提醒我們，保護我們。

一天，一群和尚被強盜搶劫。強盜扒光和尚們的衣服，還要把他們殺掉，免除後患。

強盜中有一人瞭解佛法，他說：「和尚是非常慈悲的，只要用青草把他們捆住就可以了。為了不傷害青草，他們不會動彈，也不會逃走。」於是，強盜把和尚們都用青草捆起來，棄之而去。

和尚們為了守戒，都不肯掙斷青草。白天被日光暴曬，又遭到蚊子、牛虻、蒼蠅和跳蚤的叮咬，晚上夜出的禽獸在四周走動，野狐怪叫，貓頭鷹哭泣，本就荒野的地方頓時變得如地獄一般恐怖，令人不寒而慄。

許多年輕的僧人心中慌亂，怨言四起。

老和尚見此情境，說道：「人生短促，比水流還快。即使天上的殿堂，也有崩塌的時候，何況人的生命，更是無常了。大家不必歎息這種無常的生命，要明白持戒的重要，不要掙斷青草，更不要因為這樣子白白死去後，想再度出生為人很難，就覺得遺憾。其實，我們現在能懂得佛的教義，遵守戒律，才是最珍貴的。」

老和尚又說：「我們的修行，跟現在的狀況一樣，即使遇到了危險，也要忍耐，甚至要以我們的生命，奉獻給高尚的佛法。縱使現在我們能站起身子來，也無處可去，唯有堅守戒律，死而後已。」

年輕的僧眾們聽了老和尚的話，紛紛端正身體，不動不搖，靜靜地坐在黑暗的荒野中。

第二天國王出來打獵，看見這群和尚，就命令身邊的隨從去察看。

臣子回報說這群和尚被強盜搶劫了。

國王心想：手上捆著青草，要掙脫不費吹灰之力，然而他們卻像祭祀的羊羔一樣，一動也不動，這是為了什麼？

國王親自下馬詢問：「你們身體壯健無病，為何被草捆得不能動彈？是被咒術迷住，還是為了苦行？」

僧眾回答說：「纖細的青草非常脆弱，不難掙斷。但我們是被金剛戒所捆，才無心去掙斷它。掙斷草木無異殺生。我們遵照佛法的戒律，才不會掙斷它。」

國王讚歎道：「好一群和尚，為遵守戒律，寧可捨棄自己的生命。我也要皈依偉大的釋尊，皈依無上的佛法，皈依守戒的僧人。只有皈依才能離開苦惱。」

有的人不明白爲何要守戒？他們認爲，有很多時候，爲了生活，人是沒辦法守戒的。而也有一些學佛的人在聽了很多法之後依然故我，不肯奉行戒法。這是一些善根不足的人，時常會發生的問題，也是一些既想學佛卻又戒不掉、改不了壞習氣的人，所常犯的毛病。

真正的佛教徒認爲，持戒對人生具有重要意義。

弘一法師說：「我們不說修到菩薩或佛的地位，就是想來生再做人，最低限度，也要能持五戒。」人要遵守戒律，起碼做到「五戒律」：殺、盜、妄、淫、酒。

弘一法師認爲，戒中最重要的，自然是殺、盜、淫、妄，此外飲酒、食肉易惹人譏嫌。至於抽煙，在律中雖無明文，但在我國習慣上，也是很容易受人譏嫌的，總以不抽爲是。

受戒後要持戒，戒就是諸惡莫作，眾善奉行；戒就是止惡防非，停止一切諸惡，奉行眾善，防止犯錯。受戒後要本著「止惡防非，諸惡莫作，眾善奉行」去做，就是持戒。

在行爲思想上，儘量去做善事，時刻防備自己有不合理、不合法的思想和行爲出現。這就是戒的意義。

6 隨時隨地做一個道德高尚的人

弘一法師說：「希望我的品行道德，一天高尚一天；希望能夠改過遷善，做一個好人。又因為我想做一個好人，所以我也希望諸位都做好人！」弘一法師的這種博愛情懷，是他毫無自私自利的心靈的表現。泛愛萬物、仁民愛物、慈愛眾生、悲憫眾生、化度眾生的博愛情懷，表現了弘一法師極為高尚的人格魅力。

弘一法師在他的《為紅菊花說偈》一詩中說：「亭亭菊一枝，高標矗勁切。云何色殷紅，殉教應流血。」這其實是他高尚人格的真實寫照。簡言之，弘一法師的人格力量滲透著深廣愛心，體現著博大胸懷的崇高德性與非凡才情的兼備。弘一法師是一個兼有「深廣愛心」、「崇高德性」和「非凡才情」的人。

弘一法師出家後，為了潛心修行，給自己約法三章：第一不作住持；第二不開大座；第三不要名聞利養。弘一法師教誡我們，縱然有少許成就，也要時時保持一顆謙虛謹慎的心，吃虧是福。學會吃虧，有一顆包容之心，才能成就大事，心有多大，成就就有多大。

弘一法師特別強調：「改過自新言之容易，而行之至難。」弘一法師的一生，強調約束個人的行爲，以謹慎的處世態度，實現人格修養的不斷提升。

弘一法師是一個十分謙虛謹慎的人。在泉州的時候，有一段時間忙於應酬，對於不得不去的應酬，他十分厭惡。

有一個十五歲小孩給他寫了一封信，勸他以後不可常常參加宴會，要養靜用功。信中還說起他近來的生活，如吟詩、賞月、看花、靜坐等。

弘一法師感歎道：「一個十五歲的小孩子，竟有如此高尚的思想，正當的見解。我看到他這一封信，真是慚愧萬分了。」自從得到他的信以後，弘一法師就以十分堅決的心謝絕宴會。

弘一法師除了用他的文藝創作來傳播愛國思想外，還身體力行地實踐著他的愛國情懷。他在浙一師任教期間，爲振興民族經濟，帶領有識之士發起國貨運動，愛國師生紛紛響應。弘一法師率先垂范，告別西裝洋服，換上灰色雲章布的粗布袍子，穿起布底鞋子，金絲邊眼鏡也換成了黑的銅線邊眼鏡。弘一法師把用國貨的習慣一直保留了下來，直到出家後還始終沿襲不替，幾十年不曾有變。

豐子愷在《李叔同先生的愛國精神》中回憶道：「他出家後，有一次我送他些做僧裝用的粗布，因爲看見他用麻繩束襪子，又買了些寬緊帶送他。他收了粗布，卻把寬緊帶退還給我。弘一法師說：『這是外國貨。』我說：『這是國貨，我們已經能夠自己製造了。』他這才收了。」

一九三七年五月，廈門市舉辦第一屆運動會，籌委會請弘一法師爲運動會編撰會歌，弘一法師慨然應允。當時日本侵佔東三省，殺我同胞、掠我財富，並陰謀發起全面侵華戰爭，國家危亡，迫在眉睫。弘一法師在《廈門第一屆運動會歌》中宣傳：「健兒身手，各獻所長，大家圖自強」，「切莫再彷徨」，「把國事擔當」，「為民族爭光」！

一九三七年十月下旬，日軍逼近廈門，朋友們勸弘一法師內避，但他堅決不從，並說：「為護法，不怕炮彈。」

弘一法師在危城廈門給李芳遠的信中寫道：「朽人已於九月廿七日歸廈門。近日廈市雖風聲稍緊，但朽人為護法故，不避炮彈，誓與廈市共存亡。吾一生之中，晚節為最要，願與仁者共勉之。」他在給蔡冠洛的信中又說：「時事未平靜前，仍居廈門，倘值變亂，願以身殉教，古人詩云：『莫嫌老圃秋容淡，猶有黃花晚節香。』」

朱光潛先生曾這樣評價弘一法師：「弘一法師是我國當代我最景仰的一位高士……他正是以出世精神做入世事業的……為民族精神文化樹立了豐碑。」弘一法師高尚的人格魅力令人肅然起敬，留給後人無限的景仰。

人生應當有更高的追求，要努力做一個高尚的人。高尚，指道德水準高，指脫離了一般低級情趣，脫離了人性的劣根性，具備勤勞、樸實、大度、英勇、真誠、清廉等優秀品德和美好情操。

義大利詩人但丁說過：「一個知識不全的人可以用道德去彌補，而一個道德不全的人卻難以用知識去彌補。」因此，我們要提高自己的道德素養，隨時隨地要求自己做一個道德高尚的人。

【第十三課】

隨緣：鹹有鹹的好處，淡有淡的味道

隨遇而安是一種境界

萬事需積累，不能急於求成

一切順其自然，結果反而會更好

得不到的就放手

1 隨遇而安是一種境界

弘一法師出生在富貴之家，青年時代亦有過歌舞昇平的奢華日子。出家之後，生活卻過得極其清苦，但弘一法師就是能把這種生活和修行統一起來。

有一天，夏丏尊和弘一法師一起吃飯，其中有一道菜非常鹹，但弘一法師卻沒有表現出任何異樣。

夏先生忍不住問道：「難道你不嫌這鹹菜太鹹嗎？」

弘一法師回答說：「鹹有鹹的味道！」

吃完飯後，弘一法師手裏端著一杯開水。

夏先生問：「沒有茶葉嗎？怎麼每天都喝這無味的白水？」

弘一法師又笑了笑說：「白水雖淡，但淡也有淡的味道。」

「鹹有鹹的味道，淡有淡的味道」，弘一法師把佛法應用到了日常生活中，因此他的人生，無處不是味道。一條毛巾用了三年之久，已經破了，但他說還可以再用；住的破舊小旅館裏，臭蟲爬來爬去，別人要給他換房間，他說只有幾隻而已。可以說，他是真的做到了「隨遇而安」。

人生中的種種差別其實都是正常的。但面對同樣的境遇，有的人會覺得憤憤不平，有的人卻能隨遇而安，這其實都是境由心生。人間的冷暖，世態的炎涼，都是由我們的心態造成的。

隨遇而安並不是讓我們消極地等待，隨遇而安也並非是要我們聽從命運的擺佈。更正確地說，隨遇而安是尋求生命的平衡。誰能達到這種境界，誰的生活就會更美好，誰的生命就更有品質，在生存中就能活得更自在。

隨遇而安是一種境界，有了這種境界，人生就會產生無比強大的力量。誰能做到隨遇而安，誰就有寧靜的心靈，就能在各種逆境中「失之東隅，得之桑榆」。隨遇而安，靜觀寵辱，人生不可能一帆風順，須知「塞翁失馬，焉之非福」。

俗語說：「不如意事常有八九」，我們一生中真正感到自己的生活一帆風順的時候很少。處在海闊天空的境遇中，就該承認人生際遇不是個人力量可左右的；而在詭譎多變，不如意事常八九的環境中，唯一能使我們不覺其拂逆的辦法，就是使自己隨遇而安——改變能改變的，接受不能改變的。

《菜根譚》裏有一句話：「我貴而人奉之，奉此峨冠大帶也；我賤而人侮之，侮此布衣草履也。然則原非奉我，我胡爲喜；原非侮我，我何爲怒？一個人貧也好，富也好，高也罷，低也罷，都不會是一成不變的，重要的是要有一顆平常心。」

隨遇而安，平常心很重要。吃飯時，把飯吃飽；睡覺時，把覺睡好，就是最好的修行。雖然是吃飯、睡覺這些簡單的小事，可是究竟有多少人可以舒舒服服地吃飯、安安穩穩地睡覺呢？有的人食不知味，有的人睡不安心。如此一來，人生其他事又怎麼能做得好呢？

2 萬事需積累，不能急於求成

弘一法師的《箋言錄》中記錄了這樣一句話：「好合不如好散，此言極有理。蓋合者，始也；散者，終也。至於好散，則善其終矣。凡處一事，交一人，無不皆然。」其意是說，我們做事要善始，也要善終，只有堅持到底，才是真正的勝利，不能因急於求成而半途而廢。

「欲速則不達」，急於求成會導致最終的失敗。做任何事情都要腳踏實地，一步一個腳印才能逐步走向成功，一口吃不成胖子，心急更是吃不了熱豆腐。

急於求成的結果，往往適得其反，最終功虧一簣。在「揠苗助長」的故事中，農夫急功近利，反而適得其反，使他的苗全部死了，落得一個揠苗助長的笑話。任何事業都必須有一個痛苦掙扎、奮鬥的過程，正是這個過程將你鍛煉得無比堅強並成熟起來。

朱熹說：「寧詳毋略，寧近毋遠，寧下毋高，寧拙毋巧。」這對「欲速則不達」作了最好的詮釋。

有一位少年，一心想早日成名，於是便拜了一位劍術頗高的人為師。
少年迫不及待地問道：「師父，我多久才能學成？」
師父答曰：「十年。」
少年又問：「如果我全力以赴，夜以繼日要多久？」
師父回答說：「那就要三十年。」
少年還不死心，問道：「如果拚死修煉要多久？」
師父回答：「七十年。」

人的成功要靠積累。「冰凍三尺，非一日之寒；騏驥千里，非一躍之功」。積累使人豐富，使人淵博，積累的能量多了，終有一日會一鳴驚人；積累需要耐心，需要恒心，如果有始而無終，則不能有所作爲。

「一日禪」中說：「太想贏的人，最後往往很難贏；太想成功的人，往往很難成功；太想到達目標的人，往往不容易達到目標。過於注意就是盲，欲速則往往不達，凡事不可急於求成。相反，以淡定的心態對之、處之、行之，以堅持恒久的姿態努力攀登，努力進取，成功的機率卻會大大增加。」

真正成大事者一定有一份遇事臨危不亂、鎮定自如的定力，這也是一種智慧的胸襟。孔子曰：「無欲速，無見小利。欲速，則不達，見小利，則大事不成。」任何人在做事的時候，眼光都要遠一點，不僅要看到近期的得失，還要看到長遠的影響。目光太短淺，有時是要命的缺點。只有凡事不急於求成，才能真正有所成就。

虛塵禪師以佛法度眾，為人謙厚，深得民眾擁戴，他每每開壇講法，都聽者眾多。

有一天，一位小商人向虛塵禪師發火道：「我聽了你的弘法後，誠信經營，薄利多銷，顧客在逐漸增多，但為什麼我的收入還是不能增加呢？」

虛塵禪師不急不躁，微笑著對這位商人說：「有一棵蘋果樹，它接受了陽光、雨露、養料的滋潤，春天花開，夏天結果，秋天成熟。然而成熟的時候，並非所有的蘋果都會同時成熟。有些蘋果早已熟透了，而有的蘋果依舊青青待熟，並非它不會成熟，只是時間還沒有到而已。」

商人聽完，瞬間醒悟過來。他明白要想有大成就要慢慢積累。於是向虛塵禪師道歉後，便離開了寺院，認真經營自己的生意。

一年後，虛塵禪師收到了這位商人的一個大紅包和一封信。他在信中說自己的生意紅紅火火，以致沒有時間親自到寺院致謝，只好托人送禮以表謝意。

渴望成功的心態誰都能理解，但是你要明白，想要成就一番事業並不容易，因此，不要一開始就盯著成功不放，做事若急於求成，就會像饑餓的人乍看到食物後，會狼吞虎嚥地吞食一樣，很容易會引起消化不良。

在現實生活中，急功近利的人很多，他們來也匆匆，去也匆匆，卻善始不能善終，以至於在他們的人生履歷上，除了一個逗號，就是句號了。可見，急於求成，心態浮躁的人，會把最簡單、最熟悉的小事都辦糟，那遇到大事又該怎麼辦呢？

人生就是一個不斷積累的過程，沒有積累，不會學富五車、才高八斗；沒有積累，必然是井底之蛙，見淺識窄；沒有積累，就不可能有萬貫餘財、左右逢源。人生的成功也離不開一步步的積累……所以，人人都要學會積累，積累知識，積累經驗，積累人生……

聞見既多，積累益富。高樓大廈，也是由一磚一瓦建起來的。同樣，人的智慧來自長久的積累，積累使人豐富，積累使人淵博。積累更是一種毅力，是由微小到偉大的必經之路，不急於求成就是簡單的積累之道。

3 一切順其自然，結果反而會更好

弘一法師輯錄過這樣一句話：「自處時超然達觀，待人時和藹爲善。無事時澄清明志，有事時處理果斷。得意時平靜淡泊，失意時泰然處之。」一切順其自然，凡事不去強求，就沒有什麼事能讓我們困惑和迷茫的了。有時候，順其自然的結果反而會更好。

「菩提本無樹，明鏡亦非台。本來無一物，何處惹塵埃。」這是慧能六祖的一句偈語，弘一法師也很喜歡這句話。在他看來，既然萬物皆空，又何必去滋生無窮的煩惱呢？順其自然，保持一個平和的心態，結果反而可能會更好。

潘天壽原是弘一法師的學生。弘一法師出家後，有一次，他特意到杭州煙霞寺拜見弘一法師，言談之間流露出想要出家的意願。

弘一法師勸他說：「你以為佛門是個清靜的地方，如果把握不住的話，同樣也會有許多的煩惱。」潘天壽聽了他的話，思考許久，最終打消了遁入空門的念頭。

由此可見，對於塵緣未了之人，即便是親近的好友、學生，弘一法師也不會答應他們皈依佛門。此後，經過自己的努力，潘天壽終於成為一代國畫大師。

在現實生活中，很多事情都有自己的發展規律。遵守事物的發展規律，做起事情來會更得心應手，成功的機會也就會多一些；但若違背事物的發展規律，做起事情就會處處受限制，處處不順利。

但是，總有些人想要按照自己的意願去改變一些不可能改變的事情，結果往往碰得頭破血流，一事無成，最後平添無盡的煩惱。因此，爲人做事要放開一些，灑脫一些，讓一切順其自然，這樣，成功就會離你越來越近，生活也會越來越輕鬆。

「順其自然」與「聽天由命」的意義是不同的。

「聽天由命」，是一個很消極的詞語，意思爲被動地等待命運的安排。而「順其自然」，是去努力掌握自己的命運，試圖扼住命運的咽喉，但是由於客觀條件所限，做不到後，也就聽天由命了。順其自然是人生智慧。

凡事只要自然就好，不需要更多的外在的形式！這樣可以獲得身心的自然安寧、愜意、舒適與安逸，幸福的生活也會隨之而來。順其自然，往往是最好的處世方式。

從前，有一位很有修為的居士。

有一次，他到一所有名的禪院去拜訪一位禪師。與禪師見面之後，他們的談話非常投機，不知不覺已到了午飯時間，禪師便留居士用餐。

侍者為他們做了兩碗麵條。麵條很香，只不過一碗大一碗小。兩人坐下後，禪師看了一眼麵條，便將大碗推到居士面前，說：「你吃這個大碗的。」

本來按照常理，居士應該謙讓一下，將大碗再推回到禪師面前，表示恭敬。沒想到的是，居士居然看也不看禪師一眼，便接過麵條逕自埋頭大吃起來。

禪師見狀，雙眉緊鎖，很是不悅。而居士並沒有察覺，依舊一個人吃得津津有味。

居士吃完後，抬頭看見禪師的碗筷絲毫未動，於是便笑問禪師：「師父為什麼不吃呢？」

禪師歎了一口氣，一言不發。

居士又笑著說：「師父生我的氣啦？嫌我不懂禮貌，只顧自己狼吞虎嚥？」

禪師依然沒有答話，只是又歎了一口氣。

居士接著問道：「請問禪師，我們推來讓去，目的是什麼？」

「讓對方吃大碗。」禪師終於答話了。

「這就對了，既然讓對方吃大碗是最終目的。那麼如您所想，爭著推來讓去，什麼時候能將麵條吃下肚去？我將大碗麵條吃了下去，您心中不高興，難道您的謙讓不是真心的嗎？你吃是吃，我吃也是吃，既然這樣，那推來讓去又有什麼意義呢？」

禪師聽完居士的一番話，心中頓悟。

人的能力是有限的，對於不能改變的事情，只有順其自然。有的人，總是有太多的欲望，總是太過於考慮自己的感受，總是按照自己的意志去做事，從來不考慮客觀環境的限制，一意孤行，去改變一些不可能改變的事情。結果常常是得到事與願違的結果，徒增無窮無盡的煩惱。

人生不是比賽，幸福和成功也不需要終點。許多在事業上很成功的人，他們的生活未必就幸福；在生活上過得愉悅自在的人，未必擁有龐大的事業。只要你能認清這一點，你就會肯定一個事實，真正的成功和幸福是能接納自己和肯定自己，讓一切順其自然。

人生在世，美貌、權力、財富、名譽都不過是過眼雲煙，人應該學會順其自然地活著，越是刻意追求反而會被其所累，迷失了自己。

4 得不到的就放手

弘一法師曾對豐子愷說：「世間的形形色色，我們所愛的，所憎的，所苦的，所怕的，所憤的，所悲傷的，乃至令人難以忍受的煩躁、感受、接觸，我們要學著包容，它們來了，我們淡然處之；它們從我們身邊滑過，我也不可有慶幸之心。」不能放手，是因爲沒有看破。看破了就不會再執著於小我，就放得了手，也就能步入離苦得樂的解脫之道了。

生活中，再好的東西也有失去的一天，再深的記憶也有淡忘的一天，再愛的人也有遠走的一天，再美的夢也有甦醒的一天。所以，得不到的時候就放手。

人對佛說：「我有很多人和事捨不得放手，一直在心中糾結著。」

佛說：「那好，我教你如何放下，你去拿一個玻璃杯來。」

人把玻璃杯拿在手裏，佛向杯子倒熱水。

佛一直不停地倒，直到杯子滿了，熱水溢了出來。

滾燙的水沿著玻璃杯向下流，燙到了人的手，人不由自主地把手鬆開了，玻璃杯落下，摔了個粉碎。

佛問：「我不是叫你抓住杯子的嗎？你為什麼放手了？」

人說：「因為水太燙了，我的手都讓它燙傷了。」

佛笑著說：「是的，它把你弄痛了，所以你放手了，你現在不是學會放手了嗎？」

人生在世，每個人都會擁有很多，也會失去很多。學會放手，放開不屬於自己的一切，人生也許會變得更加輕鬆，無謂的執著和堅持只會令自己更加痛苦。遇上該放手的時候，不要欺騙自己，更沒有必要爲此傷心。懂得放手，人生也許才會更精彩。

我們總是會把一些過往，久久地存放在記憶裏，經常拿出來回味。即使那些回憶裏滿滿的全是傷痛，你也依然會沉溺其中，不能自拔，那是因爲那些回憶裏，有你不捨的甜蜜。而我們之所以對這些東西放不了手，是因爲我們還能承受得了它們帶來的傷痛，一旦哪天我們承受不了這份痛楚了，就自然會像鬆掉滾燙的玻璃杯一樣，把手放開。

人這一生，想要的東西實在太多了，然而我們能夠得到的卻少之又少，對於得不到的東西過於執著，會讓我們忽略了自己現在擁有的一切美好，也會給自己帶來本不該有的傷害。

一位信奉佛陀的人在走到懸崖邊時不小心腳下一滑，從懸崖上摔了下來，幸好他及時抓住了崖邊的一根樹枝。他害怕極了，不停地在心裏祈求佛陀能夠來救自己，結果佛陀真的出現了。

佛陀讓這個人放下手中的樹枝，可是這個人卻依舊把樹枝抓得緊緊的，遲遲不肯鬆手。

佛陀見狀，搖了搖頭說：「你自己不放手，誰也救不了你！」

放手是解脫，是得救，是大徹大悟後的智慧。人生路漫漫，得失其實也不過如此，想開了，看淡了，結果也就不那麼重要了。有的人，有些事，無需太過執著，試著放手，人生將因此而不同。

古語云：「世事如棋局，不執著才是高手；人生似瓦盆，打破了方見真空。」人生沒有完美，幸福沒有滿分，當執著成爲負累，放手就是解脫。

不僅是爲人處世，對待學習和事業，有時候也要學會放手。對學習和事業鍥而不捨地追求是值得稱頌的，也是一個人學習和事業取得成功的基本保障。但是，有的人花費了很多的時間和精力，卻仍然無法金榜題名或事業成功。這時，與其一味地拖著疲憊的身心向著自己既定的目標艱難跋涉，倒不如就此放手，反而會過得更爲輕鬆。

大部分事情是我們通過努力能夠實現的，但也有一小部分是我們無論怎麼努力都無法實現的。對於那些花費再多的時間和精力也無法取得成功的事情來說，及時放手才是明智的選擇。否則，你付出的代價越大，你所遭遇的痛苦就越多。

【第十四課】

寬心：不要讓煩人的瑣事糾纏身心

不受誘惑，心境更開闊
珍惜生，卻不畏懼死
停止為雞毛蒜皮的事煩惱
要有從善如流的胸襟

1 不受誘惑，心境更開闊

弘一法師很贊成這句話，「世間色、聲、香、味常能誑惑一切凡夫，令生愛著」。他解釋說：「『色、聲、香、味、觸』是五塵，屬於物質，再加上一個『法』，名為六塵，法屬於知識。眼所見者為色，耳所聞者為聲，鼻所嗅者為香，舌所嘗者為味，身所接觸者為觸。這都是外面的環境，容易迷惑人，令人生起貪嗔癡慢。為了追求物欲享受，使人生起愛著，一愛一執著，毛病就來了。心被境界所轉，即是凡夫。」

人有太多的欲望，要想完全不受外界誘惑很難。誘惑之所以被稱為誘惑，是因為其本身就具有很大的吸引力，一旦遇到，沒有清醒的心智，理性的思維，很容易陷入其中。如果想拒絕誘惑，就要把心放得遠一些，把目標定得更明確。心胸開闊的人，往往目光遠大、為人豁達，能夠經受住外界的誘惑。

有一個皇帝想在皇宮內修建一座寺廟，於是派人去找了技藝最高超的設計師和工匠，希望能夠把寺廟修建得華美一些。

被找來的有兩組人，其中一組是由京城裏有名的設計師和工匠組成，而另一組則是附近寺院裏的和尚。

皇帝有點犯難了，一個是建築的行家，一個是最熟悉廟宇的人，到底誰建的寺廟會更好呢？於是，皇帝決定讓他們公平競爭。

皇帝要求兩組人在三天內各自去整修一座小寺廟，三天之後，他會親自驗收。

設計師和工匠們向皇帝要了很多的顏料和整修工具；而來自寺廟的和尚則只要了一些抹布和水桶等清潔工具。

三天很快就到了，皇帝啟程前去驗收兩組人員整修的寺廟。

皇帝先去看了設計師和工匠們修整的寺廟，他們用非常精美的圖案和巧奪天工的手藝將小寺廟裝飾得非常華美，皇帝很滿意地點了點頭。

接著，皇帝去看和尚們整修的寺廟。當他看到眼前的景象後整個人都呆了。和尚將寺廟內所有的東西擦拭得乾乾淨淨，使其展示出了它們原來的色彩。天邊多變的雲彩、隨風搖曳的樹影，甚至連被工匠們精心裝飾得五顏六色的寺廟，都變成了這座寺廟的一部分，而它只是寧靜地接受著這一切。

皇帝在這座寺廟面前站立了許久。當然，勝負也就不言而喻了。

外在的浮華是一種誘惑，當用心去沉澱的時候，外在的浮華只不過是如跳樑小丑一樣的角色，真正有魅力的是那顆至真至純的心。設計師和工匠們追求外表的浮華，是想以精湛的手藝取悅於皇帝，而和尚們無欲無求，便能將心放得更遠。他們沒有拘泥於取悅皇上的庸俗心理，而是將心境放得更遠、更純，所以他們才能將寺廟的本來面目呈現於世人。

世界上最寬闊的是人的胸懷，可以無所不容；世界上最狹隘的也是人的胸懷。胸懷寬闊之人，博愛無邊，樂觀向上，視野廣大，理解人；心胸狹隘之人，悲觀、偏激，自負、自私。

人生充滿誘惑，金錢、權勢、美色等無一不在向我們招手。面對種種誘惑，我們只有心胸開闊，目標堅定，步履才能從容。越是刻意雕琢，可能離目標越遠，只有以一份不受誘惑的開闊胸襟去追求，才能有最終的美好與收穫。

2 珍惜生，卻不畏懼死

一九四二年十月十三日，弘一法師於福建安然而逝，正如他的詩句「華枝春滿，天心月圓」所寫的境界，他由自身修行證實了佛教的生死觀，向世人展示了他的踐行成果。他臨終前寫下的「悲欣交集」四字，既是對仍在生死圈囿之中的眾生的悲憫，也是表達自己對此生未空過的欣慰。

弘一法師活著的時候，珍惜時光，對生有著深深的眷戀，然而這並不代表他畏懼死亡。弘一法師去世的時候很安詳，他對自己的一生很滿意，因而能夠安詳地逝世。珍惜生，卻不畏懼死就是弘一法師的生死觀。

從世俗意義的死亡出發，弘一法師開示人們，在面臨老病死的人生情境時，當「才有病患，莫論輕重，便念無常，一心待死」。生老病死是每個人都不能超越的自然規律，然而世人卻總是不能參透。因此，佛家將其列入了人生「七苦」之中。看不破生死成了很多人一生痛苦的根源。

不僅是人，任何一種生命體都是既有其生，就必有其死的。然而大多數人卻厭惡死亡，希望自己能夠長生。但是自然規律是不可逆轉的，誰也不能享受特殊的待遇，人終難免會死亡。那些看不破生死的人，因爲畏懼死亡，便想盡一切辦法阻止死亡的到來。而他們的人生就會在這個過程中失去意義。

死是結果，生是過程，既然結果已經註定，爲何不好好地享受過程，非要阻擋結果的出現呢？

世人之所以會畏懼死亡，就是因爲死亡是未知的，從來沒有人能夠告訴我們人死之後會是什麼樣子。其實，我們不僅是因爲未知而害怕死亡，最重要的是我們眷戀於紅塵俗世中的很多事情，就因爲放不下，害怕死亡之後，再也不能享受到生活的一切，所以我們總是會拒絕死亡。

生與死是人生的兩種狀態，我們在生的時候做的事情，得到的功名利祿都只能在生的時候享有，只要我們不辜負造物主賦予我們的生命，完成生存的意義，就已經足夠了。死亡則引領我們走向另外一種狀態，所謂「人死如燈滅」，除了一具屍體以外，什麼都留不下，那個時候，什麼恩怨情仇都不再是我們所能夠掌控的了。

秦始皇雄才大略，統一六國，建立了萬世不拔之功業，可說是震爍古今。然而就連這位偉大的英主也懼怕死亡。

於是乎，他做出了一個荒誕不經的決定，派人尋求長生不老藥。

秦始皇派徐福帶著三千童男童女到東海去尋藥。徐福走後，他還曾經親自到東海去觀望。他知道徐福未必能夠成功，於是做出了兩手準備。

秦始皇為自己建造了一個舉世罕見的陵寢，夢想著死後還能在他的地下王國裏繼續稱王。

佛教從不忌諱死亡這個話題。面臨死亡，人們通常會驚恐不已，患得患失，其心難靜，而佛教教給人的是直面死亡，迎接死亡，超越死亡，所謂「當生大歡喜，切勿懷憂惱，萬緣俱放下，但一心念佛。往生極樂國，上品蓮華生，見佛悟無生，還來度一切」。

弘一法師教導人以「無常觀」來消解死亡帶來的種種恐懼，以誠心念佛來提升生命末期的品質，以等待西方三聖接引來保持平和安寧的身心狀態。對於世上那些不畏懼死亡的人來說，他們並非是真的不畏懼死亡，而是覺得生無可戀，對生已經失去了興趣。這樣的人比之那些畏懼死亡的更加可惡。

上天賦予我們生命，我們就應該好好地生存下去，無論是怎樣的生活，我們都應該堅持，靜靜地等待死亡的到來。選擇提前結束自己生命的行爲，是對生命的不負責任，是對生命的褻瀆。

有一句話叫「生下來容易，活著難」。的確如此，活著不是一件容易的事情，上天賜予我們生命的同時，也會給予我們諸多的磨難，這些磨難不是爲了讓我們生活得困難，而是爲了讓我們生活得更加有意義。放棄生命不是看破紅塵，而是缺乏生存的勇氣。

萬物輪迴，有生就有死，無論是厭惡死亡，還是厭惡生存的人，都是因爲沒有找到人生的意義所在。生命的意義不在於追求長生，而在於接受死亡。

一個人只有在瞭解了生命的價值，知道了生存的意義和明白了自己的生活方向之後，才能真正地看破生死。看破生死不僅僅是指不畏懼死亡，更爲重要的是我們要懂得如何活著。

造物主給予了我們生命，我們應該懷著感恩的心來安排自己的人生。真正的死亡的主宰者是接受自己必死的現實，以平常之心對待生死，而死亡恰恰又是另外一個開始，這就是所謂的「方生方死，方死方生」。

3 停止為雞毛蒜皮的事煩惱

弘一法師在《格言別錄》中說：「不爲外物所動之謂靜，不爲外物所實之謂虛。」不爲外界的事物干擾，我們就能心地清靜，減少很多煩惱。弘一法師出家後，潛心修行佛法，從不爲一些雞毛蒜皮小事的干擾而煩惱。

弘一法師出家後，生活清苦，但是他從不計較，更不會有煩惱。飯菜的鹹淡，衣服的新舊，用具的好壞等，在他看來都是雞毛蒜皮的小事。他一心研修佛法，宣揚佛法，對這些小事從沒有煩惱過。當別人看不過去，勸他的時候，他還說「挺好的，挺好的」。

人的時間和精力都是有限的，爲一些雞毛蒜皮的事情而煩惱，就是在浪費生命。

著名的心靈導師戴爾•卡內基認爲，許多人都有爲小事斤斤計較的毛病。人活在世上，只有短短幾十年，卻浪費了很多時間去愁一些可有可無的小事。一個人會覺得煩惱，是因爲他有時間煩惱。一個人會爲小事煩惱，是因爲他還沒有大煩惱。

某個夏日，曹山禪師問一位和尚：「天氣這麼熱，要到什麼地方躲一躲好呢？」

「到熱湯爐火裏躲避吧！」和尚說。

「熱湯爐火裏怎麼躲得了熱呢？」曹山不解。

「在那裏，諸種煩惱都不會有啦！」和尚答。

天氣這麼熱，意味著煩惱。若遇到大煩惱，原先的小煩惱根本就不算什麼。被熱湯爐火燙死後，就什麼煩惱都沒有了。

一個為鼻子長得太塌而煩惱的人，在知道自己得了肝癌後，便不再為鼻子太塌而煩惱了。當他死亡的那一剎那，那更是什麼煩惱都沒有了。

死亡是最大的煩惱，但也是最後的解脫，「你還沒死」，何必為一些小事煩惱！

我們浪費太多的力氣在小事上面，反而無暇注意生命中更美好、更偉大的事物。《勸忍百箴》中認爲：「顧全大局的人，不拘泥於區區小節；要做大事的人，不追究一些細碎小事；觀賞珍貴玉石的人，不細究它的小疵；得巨材的人，不爲其上的蠹孔而快快不樂。」糾纏在小事之中擺脫不出的人，只會令自己更加苦惱。

工作生活中，我們常常會爲一些小事煩惱，而這無疑是在浪費我們寶貴的生命。一旦我們將省下的精力用在該用的地方，可能會獲得莫大的回報。

英國著名作家迪斯雷利說：「為小事而煩惱的人，生命是短促的。」人只有短短的幾十年可以活著，但我們卻為一些雞毛蒜皮的小事浪費了太多的時間，這是多麼可怕的損失。

千萬不要上當，這些小事只想要把我們綁住，耗損我們的心力，以至於無法專注其他更重要的事情。下次再碰到不如意的事時，用旁觀者的心情，冷靜地看待這些事，超然於這些事情之上。

一位空軍飛行員在談到他在空中翱翔的感受時說：「當我從高空往下望，看到人如螞蟻、屋如火柴盒時，發覺一切事物都是那麼的微不足道。下了飛機後，整個人就開朗多了，很多從前想不開的事情，都已經不再那麼在乎了，也不再那麼計較了，因為心境已全然不同。」

當你面對不如意的事情，拉高視野，向下望一望時，不覺得那些小事都很好笑嗎？想一想，再過了幾十年，誰還會記得這些呢？

4 要有從善如流的胸襟

弘一法師說：「成功之人，大多能與人爲善，從善如流。」弘一法師作爲一個德高望重的高僧，對於別人指出自己身上的不足，他仍能虛心接受。

一九三八年初冬，弘一法師到了泉州，爲泉州人說法，會了幾次客，赴了幾次齋宴。他參加活動的新聞經常見報，各方都感到歡欣。李芳遠看到報紙後，卻給弘一法師寫了一封信，指出他已經變成了「應酬和尚」，並勸他閉門靜修。

弘一法師十分感動並深感慚愧，他在泉州承天寺佛教養正院同學會上提及此事，表示懺悔，稱自己自從接到李芳遠的信後，便謝絕宴會了。

要做到從善如流並不容易，要有寬廣的胸懷。能虛心接受別人的批評，是一種美德。

「良藥苦口利於病，忠言逆耳利於行」，這句賢文是說，良藥多數是帶苦味的，但卻有利於治病；而教人從善的語言多數是不太動聽的，但有利於人們改正缺點。

當別人認真提出意見時，大都是從爲你好的角度出發。因此，我們要開闊心胸，認真聽取別人的意見，好的意見要及時採納。你只有做到細心聆聽才會得到好的意見。對自己不抱好感的人是不會主動提出任何意見的，所以尊重對自己提出寶貴意見的人。

虛心接受他人的意見對自身修養也有幫助，能看清自己的不足，從而改善自己，完美自己，展現更好的自己。虛心聽取他人的意見，聰明的人會變得更加睿智。

秦朝末年，劉邦率軍攻入咸陽，推翻了秦朝的統治。

劉邦進入秦宮後，見宮殿高大雄偉，美女、珠寶不計其數，心中產生了羨慕之情，想全部據為己有。

大將樊噲勸劉邦最好不要這樣做，劉邦很不高興。

謀士張良對劉邦說：「秦王之所以不得人心，失去天下，原因就在於他窮奢極欲。現在您剛入秦宮就想像秦王那樣享樂，豈不壞了大事？樊噲的話可是忠言啊！忠言逆耳利於行，良藥苦口利於病，您還是聽樊噲的勸告吧！」

劉邦聽了深有感觸，立即採納了樊噲的意見。

接著，劉邦又傳令廢除秦朝苛法，還約法三章：「殺人者死，傷人及盜抵罪。」

劉邦不僅分毫未動秦宮的財寶，而且撤守灞上，深得秦人的擁護。

劉邦文不如張良、蕭何，武不及項羽、韓信，然而他卻能取得天下，開創了大漢朝，這和他能虛心聽取別人的意見是分不開的。別人對劉邦提出意見，他認爲是對的時候，馬上就採納。採納別人的意見，也是對別人的尊重，以後別人也樂意提出意見。

有胸襟和智慧的決策者，總是能夠接受批評性意見。批評性意見往往是決策者當初的思考所沒有觸及的「另一面」。開闊胸襟，允許批評性意見入耳入心，順著別人的思路、站在別人的角度去思考，往往會有恍然大悟之感。

孔子都說：「三人行，必有我師焉。」更何況我們這些凡夫俗子呢？把別人合理的建議當做成功的墊腳石，一塊一塊向上增添，終有一天你會到達理想的高度。

只有集思廣益，虛心聽取別人的意見，才可不斷地糾正錯誤，取得進步。

新修版

弘一大師的心靈世界

作者：張笑恒
發行人：陳曉林
出版所：風雲時代出版股份有限公司
地址：10576台北市民生東路五段178號7樓之3
電話：(02) 2756-0949
傳真：(02) 2765-3799
執行主編：朱墨菲
美術設計：吳宗潔
業務總監：張瑋鳳

新版一刷：2025年8月
版權授權：馬鐵
ISBN：978-626-7695-18-0

風雲書網：http://www.eastbooks.com.tw
官方部落格：http://eastbooks.pixnet.net/blog
Facebook：http://www.facebook.com/h7560949
E-mail：h7560949@ms15.hinet.net
劃撥帳號：12043291
戶名：風雲時代出版股份有限公司

風雲發行所：33373桃園市龜山區公西村2鄰復興街304巷96號
電話：(03) 318-1378
傳真：(03) 318-1378
法律顧問：永然法律事務所 李永然律師
北辰著作權事務所 蕭雄淋律師

行政院新聞局局版台業字第3595號 營利事業統一編號22759935
©2025 by Storm & Stress Publishing Co.Printed in Taiwan
◎如有缺頁或裝訂錯誤，請退回本社更換

定價：440元
版權所有 翻印必究

國家圖書館出版品預行編目資料

弘一大師的心靈世界 / 張笑恒著. -- 再版. -- 臺北市：風雲時代出版股份有限公司, 2025.06 面； 公分

ISBN 978-626-7695-18-0 (平裝)

1.CST: 修身 2.CST: 生活指導

192.1 114004817

風雲時代

風雲時代